Alain Lieury
Fabien Fenouillet

Motivation et réussite scolaire

4e édition

DUNOD

Maquette de couverture :
Le Petit Atelier

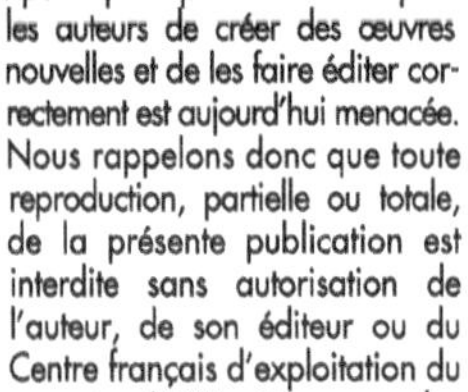

11 rue Paul Bert, 92240 Malakoff
www.dunod.com

ISBN 978-2-10-079166-8

Table des matières

Introduction

En hommage à Alain Lieury qui savait si bien trouver les mots pour expliquer simplement les phénomènes les plus complexes.

Jean adore lire des bandes dessinées et des livres de science-fiction mais quand il s'agit de travailler en cours de français, c'est une autre histoire. Parfois, lorsque l'ennui se fait trop pesant, il va jusqu'à s'endormir en cours. Pour Émilie, tout va bien ou presque à l'école. Elle, elle adore les cours de français mais par contre elle déteste les mathématiques. Les formules se sont transformées pour elle en anathèmes, la plongeant dans un tel désarroi que parfois elle ne parvient même plus à compter quand il s'agit de penser logiquement.

Ces deux exemples parlent du même phénomène : la motivation. Jean n'est pas motivé par les cours de français tout comme Émilie ne l'est pas par ceux de math. Motivation : il s'agit d'un terme si simple à comprendre et pourtant, quand on y pense, si difficile à utiliser. Est-il vraiment possible de motiver un individu ? Voilà une bonne question ! Nous pourrions vous dire que la réponse se trouve dans ce livre, vous seriez alors sans doute « motivé » pour le lire du début à la fin. Les lignes qui vont suivre n'ont cependant pas seulement pour ambition de répondre à cette question mais surtout de permettre de mieux en comprendre le sens.

En effet, la motivation est un phénomène complexe car il s'agit avant tout d'un concept pluriel. Plutôt que d'employer le terme « motivation », nous pouvons tout aussi bien dire que Jean est passionné par la science-fiction et qu'Émilie est résignée en mathématiques. Ainsi, on comprend mieux que Jean est moins passionné par la thématique des livres qui lui sont proposés en cours de français. De même, le problème d'Émilie dépasse l'absence de motivation, la résignation implique qu'elle ne cherche même plus à comprendre, voire qu'elle est en souffrance en cours de mathématiques.

La résignation et l'intérêt méritent donc quelques lignes quand on parle de motivation comme nous le verrons dans les chapitres suivants. Le détail des mécanismes qui expliquent l'un et l'autre devrait permettre à l'enseignant de mieux saisir et agir sur la motivation de ses élèves, aux parents de mieux comprendre ce qui motive leurs enfants, et aux apprenants de voir que la motivation est davantage un processus qu'un état, autrement dit qu'elle n'est jamais perdue. Ce livre ne va pas s'arrêter en si bon chemin, puisqu'il s'agira de parler par exemple d'estime de soi, de perception de compétence ou encore de sentiment de liberté, concepts qui sont tout aussi indispensables pour comprendre les tenants et les aboutissants de ce processus motivationnel à l'école. Bien entendu, nous ne nous contenterons pas de parler « motivation » puisque le cœur de cet ouvrage est l'apprentissage scolaire avec comme finalité la réussite.

Il nous reste à vous souhaiter une bonne lecture.

Chapitre 1

LES MOTIVATIONS

Sommaire

Pourquoi un enfant est-il motivé au point de passer des journées à habiller ses poupées, tel autre à jouer tard le soir à ses jeux vidéo ou à des jeux de rôles avec ses copains tandis que tel autre va à reculons à l'école, trouve que son professeur ne l'aime pas et pense qu'il n'arrivera à rien et qu'il est nul ? Ces situations, si familières aux parents et aux enseignants, ne commencent que depuis peu à être bien expliquées par des théories.

Pour Fabien Fenouillet (2016), la motivation désigne une force intra-individuelle qui peut avoir des déterminants internes et/ou externes et qui permet d'expliquer la direction, le déclenchement, la persistance et l'intensité du comportement ou de l'action.

La motivation est une force interne mais ses déterminants peuvent être internes et/ou externes. Par exemple, il est possible de récompenser un élève pour le motiver à apprendre. Cependant la récompense ne caractérise pas la force qui va animer le comportement de l'élève. Cette récompense doit avoir un impact sur l'élève pour devenir une force qui va animer son comportement.

Cette force provoque quatre effets :

- le déclenchement d'un comportement ;
- l'orientation du comportement, attirance vers un but ou au contraire rejet ou fuite ;
- l'intensité de la mobilisation énergétique, émotion, attention ;
- et enfin la persistance du comportement dans le temps.

1. Définitions

S'il existe au moins une centaine de théories motivationnelles (Fenouillet, 2016), nombreuses sont celles qui considèrent que les besoins sont à la source de toutes les motivations humaines. En fonction des théories, ces besoins peuvent être regroupés dans deux grandes familles :

- Les besoins biologiques (ou physiologiques) qui sont construits autour d'un manque : la faim ou la soif sont des besoins typiques de cette catégorie.
- Les besoins psychologiques qui reposent sur la satisfaction : l'individu qui vit au milieu d'amis et de proches satisfait davantage son besoin de relations sociales que celui qui vit seul en ermite.

Bien que divergentes, ces deux formes de besoins remplissent la même fonction vitale mais avec une temporalité différente. Le besoin physiologique de nourriture doit être résolu relativement rapidement pour ne pas mettre en péril la survie de l'individu. Par ailleurs, un enfant a beaucoup moins de chances de vivre à long terme s'il est seul au milieu de la nature (besoin psychologique de relations sociales).

La société moderne a utilisé et étendu ce concept de besoin à une multitude d'activités humaines. Par exemple, le logement est considéré dans la société française comme un besoin fondamental, et les publicitaires s'évertuent à créer des besoins de consommation. Si tous ces besoins peuvent se rattacher d'une manière ou d'une autre aux besoins psychologiques, ces derniers sont pour les psychologues beaucoup plus permanents. Par exemple, pour la théorie de Deci et Ryan (2002) que nous verrons plus loin, le besoin d'autodétermination a une action constante qui a pour effet de motiver l'individu lorsqu'il peut faire ses propres choix en toute liberté.

La motivation est donc multiple, elle apparaît comme un puzzle de besoins en interaction (simplifié sous la forme d'une pyramide ; figure 1.1) : les besoins biologiques ou physiologiques (faim, sexe...) et les besoins psychologiques, des besoins appris (télévision, téléphone, voiture...) aux besoins cognitifs (intérêt, découverte)...

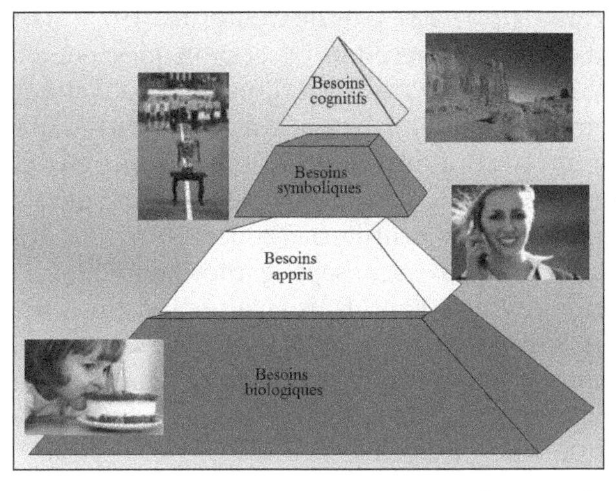

Figure 1.1 - La motivation est multiple, elle apparaît comme une pyramide de besoins en interaction

2. Neurobiologie des motivations

L'idée la plus simple pour expliquer le déclenchement d'une activité est de dire qu'il s'agit d'un instinct, c'est-à-dire d'un mécanisme inné. Mais il ne peut exister autant d'instincts que de besoins : il n'y a pas d'instinct pour acheter le téléphone portable dernier cri ou la dernière console vidéo. Il y a bien des mécanismes biologiques innés mais ils ne sont « purs » que chez les espèces dotées d'un système nerveux rudimentaire comme les fourmis ou les abeilles. Chez nous, certains besoins résultent entièrement d'apprentissages et beaucoup de nos besoins se compliquent avec les apprentissages. Dans des situations extrêmes, guerre, alcool, panique, ces programmes innés peuvent s'exprimer sans les inhibitions sociales. C'est ainsi qu'il y eut du cannibalisme lors de la retraite de Russie de l'armée napoléonienne. Et ce sont encore nos origines animales qui expliquent les comportements agressifs, civils ou en état de guerre. Il est donc utile de connaître les racines biologiques de nos besoins.

Jaak Panksepp a passé plus de trente ans (1977, 2005, 2011) à faire la synthèse de résultats psychologiques, neurologiques et biochimiques sur les émotions et motivations. Dans une première théorie, il pensait qu'il existait quatre grands systèmes motivationnels-émotifs : les systèmes d'exploration (faim, soif, etc.), de la peur, de la colère et enfin de la détresse. Dans ses dernières synthèses (2005, 2011), sa théorie se complique un peu avec sept grands systèmes. Les trois systèmes nouveaux sont la sexualité, l'instinct nourricier, et le jeu (associé à la joie ; tableau 1.1). Pour lui, il n'y a pas d'opposition entre motivation et émotion, mais des degrés d'excitation ; l'émotion arrive lorsque le système motivationnel est exacerbé.

Tableau 1.1 - Les sept systèmes de base des émotions de la théorie de Panksepp

Système émotionnel	Structures cérébrales	Neurotransmetteurs
Exploration/ recherche/ motivation positive	Noyau accumbens, hypothalamus	Dopamine, glutamate, neurotensin, etc.
Colère	Amygdale	Substance P, acétylcholine, etc.
Peur/anxiété	Amygdale	Hormone du stress (CRH)
Sexualité	Hypothalamus, amygdale...	Vasopressine, ocytocine
Instinct nourricier	Cortex cingulaire	Ocytocine, prolactine...
Tendresse/détresse	Cortex cingulaire, noyaux pré-optiques...	Opioïdes, glutamate
Jeu/joie	Thalamus, hypothalamus	Opioïdes, glutamate

Note : les structures cérébrales et les neurotransmetteurs ont été très simplifiés : les neurotransmetteurs comme la dopanime, l'adrénaline, la sérotonine ne sont pas indiqués car ils interviennent quasiment dans toutes les émotions (note de Panksepp).

Chaque système est pré-programmé génétiquement et répond à un nombre réduit d'incitateurs naturels qui déclenchent des réactions spécifiques.

2.1 Le système d'exploration, de recherche, et le système de récompense

Le système d'exploration (nourriture, etc.) correspond pour Panksepp aux motivations positives, tendues vers un objectif, nourriture chez l'animal, et qui se complique chez l'homme comme nous allons le voir notamment par cette récompense universelle qu'est l'argent. Lorsqu'il y a un manque, le besoin se déclenche (par exemple, manque de glucose dans des cellules spécialisées de l'hypothalamus) et il y a satiété lorsque le besoin est satisfait. Pour les psychologues, ce besoin correspond à celui des renforcements positifs.

Ce sont James Olds et Peter Milner (1954) qui ont découvert les premiers que la stimulation électrique (impulsions de l'ordre de l'électricité cérébrale naturelle) dans certains sites du cerveau faisait le même effet qu'une récompense alimentaire. Leur méthode consistait à implanter à demeure (rats chroniques) des électrodes dans certains sites du cerveau et la stimulation électrique pouvait être produite par l'appui sur le levier dans une boîte de Skinner (sorte de distributeur automatique à l'échelle du rat) de sorte que l'animal se stimulait lui-même. L'effet est spectaculaire, les rats appuient jusqu'à épuisement, jusqu'à 5 000 fois par heure, s'endorment et recommencent au réveil. Les rats vont même jusqu'à passer sur une grille électrifiée pour appuyer sur le levier. Des singes macaques rhésus se laissent mourir de faim pour s'autostimuler. C'est donc cette machinerie neurobiologique qui est à la base de l'addiction.

Après avoir appelé ces sites le centre du plaisir, on préfère aujourd'hui le terme de systèmes de récompense car il existe plusieurs sites dans le cerveau (hypothalamus, septum...). Mais parmi ces structures, Panksepp et Ikemoto ont montré que le noyau accumbens (faisant partie des structures de l'action, striatum ou corps striés) jouait un rôle central dans le système de récompense, en produisant un plaisir intense. Son neurotransmetteur clé est la dopamine, neurotransmetteur de l'excitation, du plaisir mais aussi de l'addiction.

Ces résultats ont été établis chez l'animal (notamment le singe) mais d'autres recherches montrent que c'est le cas chez l'homme dans une situation qui ressemble au jeu de casino.

Par exemple Brian Knutson et ses collègues de Bethesda dans le Maryland (2001) ont montré, avec l'imagerie par résonance magnétique, que l'anticipation d'une forte récompense monétaire (5 dollars) activait différentes structures mais préférentiellement le noyau accumbens. La tâche consiste à présenter sept figures différentes, qui sont indiquées par un signe comme gagnantes (entourée d'un cercle), ou non (triangle). Les figures se succèdent rapidement et chaque bonne réponse est récompensée par un gain de 1 dollar (signalé par une ligne) ou 5 dollars (entouré d'un cercle). Les « joueurs » peuvent également perdre s'ils répondent à une figure perdante (signalée par un carré et une ligne). Ils doivent répondre le plus vite possible. Les résultats indiquent une corrélation de .74 entre l'excitation du noyau accumbens et le plaisir estimé (échelle de Lickert) lors de l'anticipation de la récompense de 5 dollars.

2.2 La colère

Le système de la colère (rage, agressivité, etc.) a été le premier découvert. L'ablation du cortex chez le chat (Magoun, 1954), du bulbe olfactif chez le rat (Karli, 1971) ou la stimulation électrique de certaines régions du système limbique déclenchent chez l'animal un état de colère d'une violence intense, appelée rage, et qui aboutit à tuer des congénères se trouvant dans le voisinage, au point que Pierre Karli de l'université de Strasbourg les a appelés « rats tueurs ». À l'état normal, les incitateurs naturels sont l'irritation (blessures, douleur) et la frustration. Les réactions correspondantes sont l'attaque et le combat avec notamment chez l'animal des morsures. Le cortex, comme certaines stimulations (olfactives chez le rat, certainement visuelles chez l'homme) modulent, inhibent les réactions paroxystiques de rage pour produire la colère ou ce qu'on appelle l'agressivité.

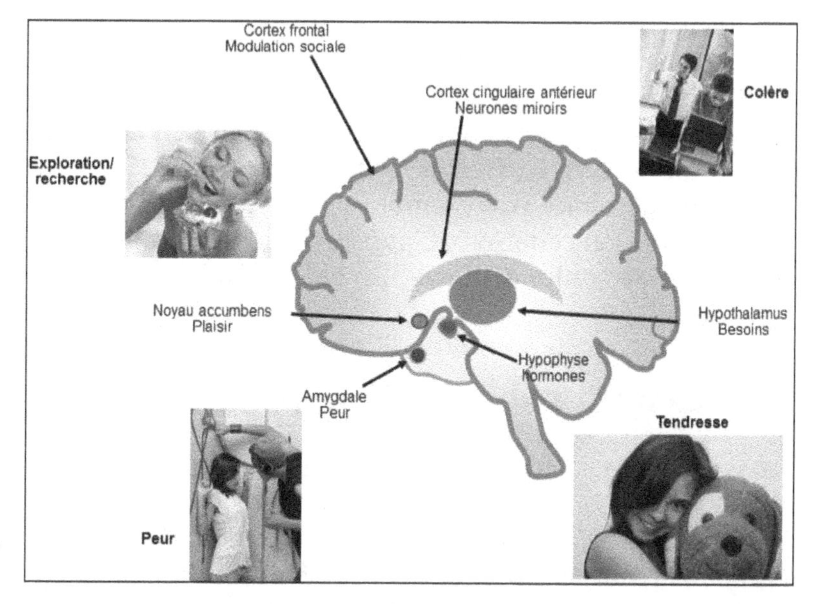

Figure 1.2 - Quelques structures cérébrales impliquées dans les 7 systèmes de motivation-émotion dans la théorie de Panksepp

2.3 La peur

Beaucoup se demandent pourquoi à tout âge nous aimons nous faire peur, de l'enfant avec les histoires comme le chaperon rouge, jusqu'aux thrillers des adultes, voire films ou jeux vidéo avec des zombies ou des anacondas géants. C'est qu'il existe un système de la peur qui ne demande qu'à fonctionner ! Un noyau de neurones, grand comme une noisette, l'amygdale, en est le centre (figure 1.2). Lorsque ce système est un peu trop sensible et présent, c'est l'anxiété. Le système de commande de la peur (angoisse, etc.) peut aussi être déclenché par des stimulations intracérébrales, et faire naître la peur d'une souris chez un chat. Les incitateurs naturels paraissent être la douleur et le danger de destruction. Les réactions déclenchées sont soit la fuite lorsque c'est possible, soit l'immobilité ; on connaît les diverses expressions employées pour désigner cet état chez l'homme, les jambes en coton ou les jambes flageolantes. La finalité biologique de la fuite est évidente, elle permet d'échapper à un prédateur, mais on discerne mal la finalité de l'immobilité (la politique de l'autruche). Or l'immobilité est un mécanisme de survie. Beaucoup d'animaux ont des couleurs qui leur permettent de se confondre avec leur environnement, c'est le mécanisme de l'homochromie, par exemple le phasme ressemblant à une brindille, ou certains papillons, grenouilles, serpents qui, immobiles, se confondent avec l'écorce de l'arbre, l'herbe ou le sable.

2.4 La tendresse et la détresse

Le système de la tendresse/détresse s'observe plus chez le singe et l'homme. La bonne marche de ce système correspond aux activités sociales, dont le fameux *grooming* chez les singes (s'épouiller mutuellement) et les contacts chez l'homme (tape sur l'épaule, poignée de main), jusqu'aux caresses de l'amour. Sur le plan biochimique, plusieurs neurotransmetteurs (ocytocine, opioïdes) de l'hypothalamus se répandent dans le cerveau et créent la variété des états émotionnels. À l'inverse des comportements sociaux, la détresse sociale est provoquée par le manque de contact social et déclenche des pleurs, des plaintes et l'angoisse existentielle connue sous le nom de panique.

Sitôt rassasié, le bébé singe va sur la maman peluche, délaissant la « maman grillage » qui l'a nourri (© Tinbergen, Le comportement animal, 1966, page 29, Time-Life)

Harry Harlow avait déjà montré (1959) que « l'amour » n'était pas un besoin conditionné à la nourriture et que si on élevait des petits singes (macaque Rhésus) sur des « mamans » en grillage contenant un biberon, sitôt rassasiés, les petits singes se précipitaient sur une « maman peluche » recouverte d'un tissu doux comme un nounours. C'est l'origine biologique du nounours, du doudou, de la peluche, du câlin avec la maman (ou le papa)... À l'inverse, la perte du contact social déclenche les pleurs comme les classiques pleurs à la rentrée des classes !

2.5 Le désir sexuel

L'amour est une émotion qui crée un plaisir intense, une euphorie qui est caractérisée sur le plan biologique par l'activation du système de récompense (notamment l'hypothalamus et le noyau accumbens). Son neurotransmetteur est la dopamine, neurotransmetteur de l'excitation, du plaisir notamment dans l'orgasme, mais aussi dans l'addiction. Dans le système de récompense, le noyau accumbens semble jouer un rôle central en produisant un plaisir intense et son activation augmente la dopamine. Deux autres structures cérébrales sont particulièrement impliquées aussi bien dans l'amour que l'excitation sexuelle (figure 1.2), le cortex cingulaire antérieur et l'insula. Le cortex cingulaire est une zone en forme de croissant entourant le cerveau primitif (hypothalamus) ; cette partie du cerveau contient des neurones « miroirs », qui s'activent à la vue de quelqu'un d'autre qui se fait piquer. Le cortex cingulaire correspond, dans les théories de l'esprit, à la capacité d'imaginer ce que ressent l'autre, l'empathie. Le cortex cingulaire joue un rôle d'interface entre la cognition et l'émotion dans la transformation de nos sentiments en actions ou en intentions. Quant à l'insula, elle se situe au centre du cerveau, entre le cortex frontal et le thalamus (qui décode les signaux sensoriels). Elle aurait un rôle de représentation de ces sensations.

Deux autres neurotransmetteurs sont associés à l'amour, l'ocytocine et la vasopressine, très proches sur le plan chimique, et secrétées par l'hypothalamus. Ces neurotransmetteurs, déclenchés également par les opiacées ou la cocaïne, seraient les molécules de l'attachement et de l'amitié.

2.6 L'instinct nourricier

L'instinct nourricier et de protection est puissant chez les mammifères mais aussi chez les oiseaux en général. Ce système est lié à des changements hormonaux profonds après la naissance, mettant en jeu des œstrogènes et la progestérone, mais aussi, sur le plan cérébral, des neurotransmetteurs comme l'ocytocine. Panksepp note que ce système est particulièrement puissant chez les pingouins et manchots sans lequel les petits périraient en quelques minutes dans le froid extrême de l'Arctique et de l'Antarctique.

2.7 Le jeu et la joie

A-t-on besoin d'apprendre à jouer à un enfant ? Non, c'est un comportement spontané et qui dure toute la vie. Le jeu a été un domaine d'étude très étudié des premiers psychologues de l'enfant, qui en cherchaient toutes les fonctions, entraînement, contact social, détente... Nous tenons ce besoin inné de nos cousins les animaux et on observe facilement le jeu chez nos animaux familiers, le chat, le chien ; et au zoo ou dans les documentaires, on peut constater l'importance du jeu chez les singes, qui n'arrêtent pas de se chamailler, de courir, et de découvrir les curiosités de la vie. Le jeu reste fondamental chez l'adulte et les jeux télé sont parmi les programmes les plus populaires, du foot aux jeux de connaissance. Le jeu est à ce point prégnant qu'il peut provoquer une addiction chez certains. L'addiction est connue depuis longtemps dans les jeux d'argent mais elle est redécouverte chez les ados dans les jeux vidéo.

« Le rire est le propre de l'homme » selon Rabelais dans *Gargantua*, mais les recherches récentes, notamment Panksepp et ses collègues (Burgdorf), montrent que le jeu est associé à la joie, rire chez l'homme et le singe, petit couinement chez le rat. Selon les recherches de Panksepp, le rire fait partie d'un programme de motivation/émotion de jeu, et qui permet de construire des programmes de relations sociales avec ses congénères. Le son semble très lié au jeu plaisant, et chez le rat l'équivalent du rire est un petit couinement de 50 Hz comme le gazouillement d'un oiseau. Lorsqu'on stimule le noyau accumbens (centre du plaisir/récompense) par des amphétamines, le rat émet ses petits cris équivalents à notre rire. Voici sans doute l'ancêtre de la motivation puissante, chez l'enfant et l'adulte, du jeu.

3. La loi du renforcement : la carotte et le bâton...

Les premières recherches quantitatives sur la motivation sont apparues dans le cadre des recherches behavioristes (*behavior* = comportement) sur l'apprentissage. Clark Hull, de l'université de Yale, est un pur représentant du behaviorisme puisqu'il a essayé d'expliquer les apprentissages (y compris l'intelligence) par des assemblages de séquences conditionnées. Hull perçoit rapidement (dès son premier livre en 1943 « Principes du comportement ») la nécessité de lier la motivation à l'apprentissage. Pourquoi ? Tout simplement parce que le rat, animal de laboratoire privilégié à cette époque, ne travaille que s'il est affamé puis récompensé. Ainsi s'instaure une pratique, devenue classique, de donner une récompense (petite boulette de nourriture ou morceau de biscuit) une fois le but atteint, au bout du labyrinthe (figure 1.3).

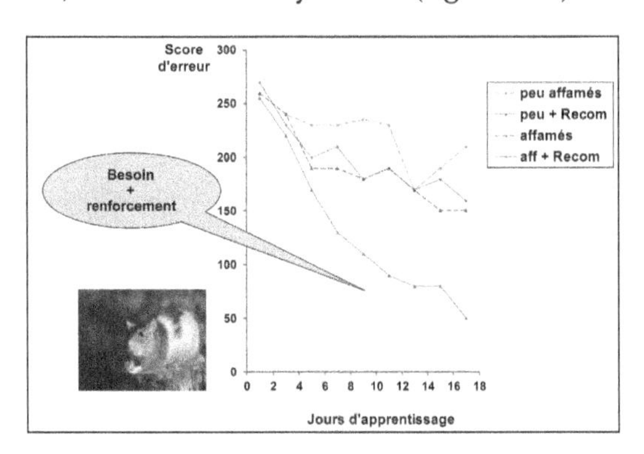

Figure 1.3 - Double effet du besoin et de la récompense chez le rat dans un labyrinthe (simplifié d'après Tolman et Honzik, 1930)

De telles expériences ont incité Hull à proposer une célèbre formule (visiblement inspirée de la formule des forces physiques de Newton, F = masse x accélération) dans laquelle le comportement est déterminé par plusieurs paramètres, dont les plus importants sont le besoin et le renforcement.

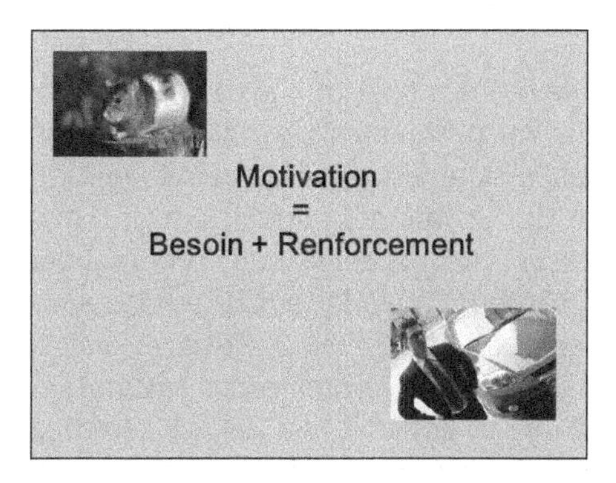

Figure 1.4 - La loi du renforcement de Hull (1952)

Cette loi, appelée « loi de Hull » ou « loi du renforcement » (figure 1.4), a été appliquée dans le système des primes du marketing : le vendeur n'est que faiblement payé pour créer un besoin (équivalent chez le rat au besoin alimentaire), puis est renforcé par une prime (équivalent de la boulette de nourriture) chaque fois qu'il a vendu un appareil ou atteint un objectif (équivalent au but du labyrinthe). À l'inverse, les renforcements négatifs font baisser un comportement indésirable, c'est la carotte ou le bâton !!!

L'expérience suivante montre que les compliments et les réprimandes, classiquement utilisés à l'école, agissent selon la loi du renforcement.

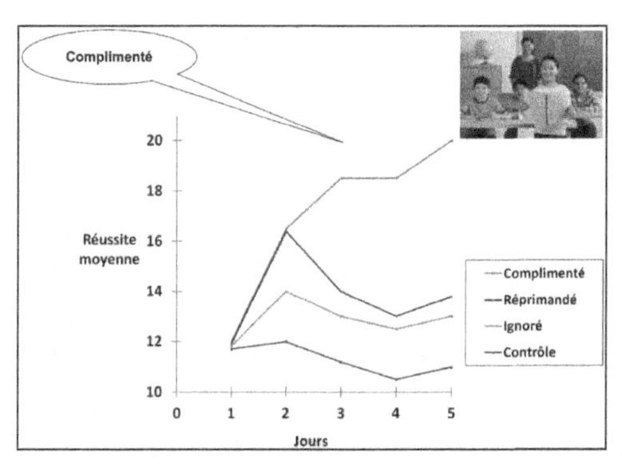

Figure 1.5 - Effet du compliment et de la réprimande chez des élèves dans des problèmes arithmétiques (Hurlock, 1925, d'après Munn, 1956)

Les élèves, des filles du CM1 à la 6e, devaient résoudre le plus de problèmes possible (parmi 30) en quinze minutes. L'expérience se déroulait en cinq jours avec cinq séries de problèmes équivalents. Dans le groupe « réprimande », chaque élève était réprimandée sans tenir compte des résultats en la faisant lever face à la classe. Dans le groupe « compliment », chaque élève recevait cette fois des compliments, mais sans connaître les résultats. Le troisième groupe, « ignoré », assistait aux deux « cérémonies » tandis que le groupe « contrôle » travaillait dans une pièce isolée sans indication. Après un départ équivalent de douze problèmes résolus (figure 1.5), le groupe contrôle ne s'améliore pas, ce qui va dans le sens de la loi de Hull. Le groupe complimenté se perfectionne avec rapidité, atteignant une vingtaine de problèmes résolus au bout des cinq jours d'entraînement. À l'inverse le groupe réprimandé, qui pourtant s'améliore le deuxième jour, voit sa performance chuter pour rejoindre le groupe ignoré, ces deux groupes n'ayant pas une performance très éloignée du groupe contrôle, ou si l'on préfère du niveau de départ. Au total, les renforcements positifs accélèrent l'apprentissage à l'inverse des renforcements négatifs. Cette expérience permet également de constater qu'ignorer les élèves équivaut à un renforcement négatif, du fait des motivations sociales qui nous font rechercher un assentiment.

Des enseignants ou des parents attentifs ont probablement fait de telles observations. On sait par les récits des élèves ou étudiants que certains enseignants sont particulièrement négatifs et découragent les élèves par des évaluations négatives : « vous êtes nuls », « vous n'êtes pas à votre place ici », « dans cette classe, seuls dix pour cent d'entre vous réussiront », etc., et l'on voit par les expériences que ces paroles, « stimulantes » dans l'esprit de certains enseignants, auront un effet désastreux sur les élèves. Un épisode d'une de nos recherches-actions dans un centre de formation pour apprentis l'illustre.

Une séquence d'apprentissage avait été organisée de la même manière dans quatre disciplines différentes avec les professeurs correspondants. L'examen des courbes individuelles d'apprentissage avait montré généralement des résultats bénéfiques y compris pour des élèves très faibles, sauf pour l'une d'entre elles dans une seule matière. En constatant ce fait, le professeur de la matière s'était rendu compte que son attitude avait eu un rôle plus important qu'elle ne l'avait voulu et avait expliqué qu'elle avait réprimandé l'élève, ne croyant pas en ses capacités. La prise de conscience de cette enseignante lui a fait changer d'attitude et a permis de meilleures performances de l'élève par la suite, qui s'est vu « chouchouter ».

En pédagogie, les renforcements positifs sont préférables car les renforcements négatifs sont générateurs de peur, de stress, et peuvent produire de nombreux effets pervers (voir chap. 3, paragraphe 1, « La résignation acquise »).

Ce serait une erreur de penser que les renforcements, la carotte ou le bâton, ne sont utiles que pour les élèves des petites classes ou à la limite au collège. À l'université, l'occasion de réformes pédagogiques l'a confirmé de façon frappante. L'université avait mis en place, dans les années quatre-vingt, une série de conférences culturelles qui ne devaient pas, pour rester « culturelles », être contrôlées par un examen. Malheureusement (pour l'expérience pédagogique), le public étudiant devint de moins en moins nombreux au fil des semaines pour atteindre un nombre ridicule au bout de quelques séances. Depuis lors, l'expérience n'a pas été renouvelée.

Même les académiciens ont des jetons de présence[1]...

1. Du temps des francs, les mensualités d'un académicien étaient de 800 à 1 500 francs en fonction du nombre de jetons cumulés (lire *Le Magazine littéraire*, « L'Académie française recrute », juin 2001).

4. Faut-il donner 18/20 à tous les élèves ???

Cependant, même pour les rats, toutes les récompenses n'ont pas la même valeur, comme le montre un phénomène important qui prit le nom de son découvreur, l'effet Crespi. Crespi a découvert (1942) un phénomène qui complique la loi du renforcement, c'est que la récompense est toute relative.

Pendant vingt jours, un groupe de rats est récompensé par une boulette à la fin du parcours, on pourrait les appeler les « smicards », et leur vitesse à parcourir le chemin est lente. Dans un autre groupe, que l'on pourrait appeler les « gâtés », les rats reçoivent en fin de parcours un tas de boulettes (256). Mais au bout de vingt jours, c'est l'uniformité et les rats de chaque groupe reçoivent 16 boulettes. On observe alors que les rats habitués à 1 boulette anticipent bien cette nouvelle récompense, qu'ils jugent énorme, et accélèrent tellement que dans les six jours d'essais, ils atteignent les performances des « gâtés ». Mais à l'inverse, les « gâtés » ralentissent du tiers leur vitesse (figure 1.6).

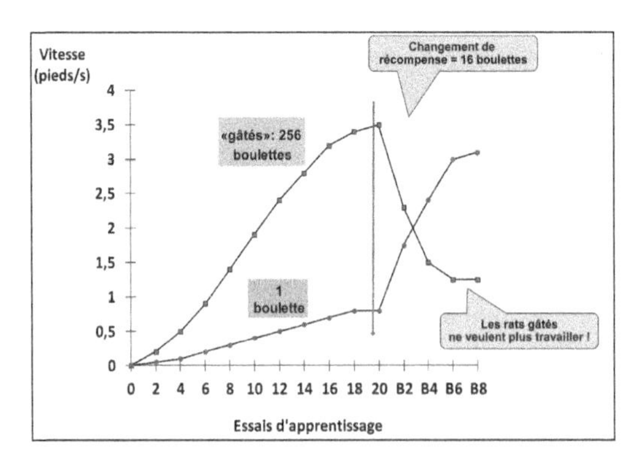

Figure 1.6 - L'effet Crespi : changement brutal de la motivation lors du changement du renforcement (Crespi, 1942 ; simplifié d'après Hull, 1952)

L'expérience peut être contée à la façon d'une fable de La Fontaine :

L'Opulent et l'Indolent

Deux rats ayant jeûné toute une journée
Inégalement, reçoivent le prix de leur activité.
L'un reçoit une toute petite boulette
L'autre, un tas de ces mêmes croquettes
Dans une petite chambre faite de plinthes
Au bout du labyrinthe.
Mais un jour d'uniformisation
Tous reçoivent la même ration.
Triste festin,
s'écrie le rat habitué à l'opulence !
Tout ce butin,
S'exclame son compère habitué à l'indolence !
Et l'un de ne plus travailler du tout
Tandis que l'autre est prêt à tout.
La morale de cette histoire
C'est de ne pas trop s'habituer à la gloire...

En marketing, la valeur incitative du renforcement a été également largement appliquée avec des récompenses parfois « luxueuses » pour les meilleurs vendeurs, voiture de luxe comme voiture de fonction, voyage prestigieux... De nombreux exemples de la vie courante correspondent à cet effet, l'exemple typique en étant celui de l'enfant gâté qui devient blasé. Au niveau scolaire, cet effet rend compte notamment des déceptions des élèves qui, habitués à un bon classement ou à de bonnes notes, sont déçus d'un classement moyen ou de notes tout simplement correctes. Une école idéale où tous les élèves auraient 18/20 rencontrerait donc également des effets pervers comme une chercheuse de notre laboratoire, une étudiante en doctorat, Azar Etessamipour, l'a constaté à ses dépens. Pour les besoins de sa recherche, elle devait mettre en relation la mémoire du vocabulaire scolaire et les notes scolaires dans des écoles du cycle primaire en Iran. Mais cette expérience n'a pu aboutir sur ce point car tous les élèves avaient des notes très élevées (de 18 à 20 sur 20) et elle avait beaucoup de mal à faire accepter aux élèves des tests basés sur le vocabulaire réel des manuels : ils trouvaient trop dur de ne pas tout savoir et ne voulaient pas persévérer.

Habituer à des récompenses excessives conduit donc, comme Crespi l'a montré chez l'animal, à casser la motivation par l'impossibilité de fournir des récompenses plus fortes. C'est le syndrome de la star ou de la médaille d'or : il est toujours étonnant de constater la déception des athlètes de n'obtenir qu'une médaille de bronze ou même d'argent lorsqu'ils s'attendent à la médaille d'or. Je me souviens avoir vu à la télévision un championnat à Athènes. Lors d'une course de fond (peut-être le dix mille mètres), un champion éthiopien arrive avec une large avance vers la ligne d'arrivée et... stupéfaction des spectateurs et commentateurs, il regarde derrière lui, et constatant qu'il a une large avance... il se met à ralentir !!! Il arrive premier sans problème mais c'est l'incompréhension du commentateur qui évoque vaguement la chaleur étouffante qui régnait alors en Grèce. J'ai eu la vraie explication plus tard, par hasard, lorsque j'ai appris qu'après ce championnat, était prévu un autre meeting en Suisse, où tout athlète qui battait le record du monde recevait comme prix... un lingot d'or ! Et voilà, l'explication, cet athlète se ménageait de peur de mettre la barre trop haut et de ne pas réussir à battre son propre record. Là, l'enjeu n'est plus 256 boulettes mais un lingot d'or...

Une bonne pédagogie de la motivation doit donc être équilibrée avec un niveau de récompense calibré à la difficulté et au niveau scolaire considéré.

5. ... et le loto

Dans les années cinquante à soixante-dix, les résultats de l'expérimentation animale ont directement été généralisés à l'homme parce que l'on pensait que les mécanismes étaient de même nature (associations stimulus-réponses) même s'ils étaient plus compliqués (plus grand nombre de neurones). Néanmoins, la perspective du traitement de l'information (cybernétique, théorie des communications, etc.) remit à la mode des notions non oubliées par d'autres psychologues, les représentations mentales, notamment basées sur les symboles, langage et image. C'est ainsi qu'en psychologie sociale, Albert Bandura compliqua la notion de renforcement des behavioristes (Hull ou Skinner), en posant que l'homme, grâce à ses capacités représentatives, est capable d'anticiper le renforcement, y compris sans jamais le recevoir. En effet, certains comportements humains ne s'expliquent pas dans le cadre strict du renforcement. Le jeu d'argent, loto, tiercé, roulette, etc., en est un exemple frappant.

Certains joueurs continuent de jouer, parfois toute leur vie, sans jamais gagner (ou des sommes minimes) : c'est le « paradoxe du joueur » (Rachlin, 1990).

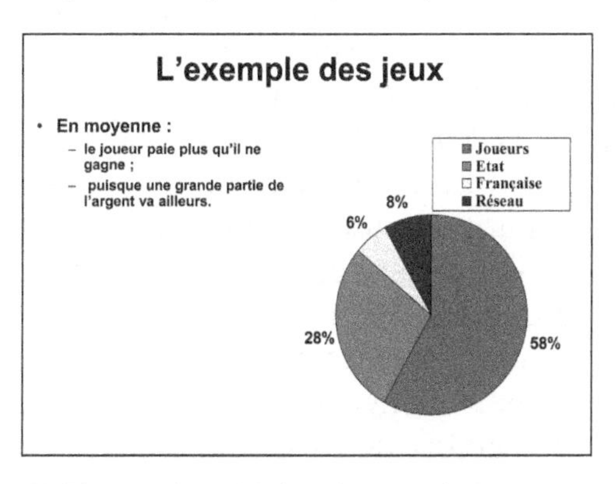

Figure 1.7 - Redistribution des gains dans la Française des Jeux

En moyenne, le joueur paie plus souvent qu'il ne gagne puisqu'une grande partie des gains, environ 40 %, est redistribuée ailleurs (figure 1.7) dans la Française des Jeux. Certains jeux sont pires que d'autres comme le Banco puisque à l'époque des francs, les 360 000 tickets sont distribués ainsi :

- 15 tickets permettent de gagner 5 000 F (15 sur 360 000 représentent 4 chances sur 100 000) ;
- 25 tickets sont à 1 000 F, soit 7 chances sur 100 000 ;
- 600 tickets sont à 500 F, soit 1 chance sur 1 000 ;
- et enfin 43 560 tickets permettent de gagner 5 F (c'est-à-dire le prix du ticket de Banco), et là il y a une chance sur dix... à condition de ne pas remettre en jeu ces 5 F !!!

Au total, les joueurs ne récupèrent donc qu'un tiers de leur mise.

Comment donc expliquer cette persistance extraordinaire, signe d'une forte motivation ? Ce comportement mystérieux s'explique au contraire très bien dans la théorie de Bandura de l'anticipation symbolique du renforcement. Le joueur n'a pas besoin de gagner effectivement, il gagne « dans sa tête », ce qu'avait parfaitement anticipé Jean de la Fontaine dans sa fable « Perrette et le pot au lait »... L'expression « bâtir des châteaux en Espagne » exprime par ailleurs notre tendance coutumière à faire de telles anticipations : la carotte et le bâton peuvent donc, comme au loto, être symboliques chez l'homme et auto-attribués en imagination. Le plus grand renforçateur humain, l'argent, doit sa puissance à nos capacités imaginatives puisqu'il tient sa valeur incitative de la variété des échanges et donc des renforcements possibles. Dans l'échelle animale, d'ailleurs, le rat en est incapable et seuls les singes sont capables d'apprendre en étant renforcés par des jetons qu'ils peuvent échanger de retour dans leur cage contre des grains de raisin ou des cacahuètes (toute ressemblance avec les académiciens serait fortuite...).

Les renforcements symboliques ou les anticipations sont probablement fonction du niveau de développement mental des élèves. La pratique courante montre en particulier que les petits ont besoin de récompenses concrètes : bons points, images, à des intervalles rapprochés, tandis qu'il faut attendre des niveaux d'étude très élevés pour que les récompenses, les diplômes, soient très éloigné(e)s dans le temps...

Chapitre 2

MOTIVATION EXTRINSÈQUE ET MOTIVATION INTRINSÈQUE

Sommaire

1. Le besoin de curiosité

Jusque dans les années 1940-1950, le mécanisme du besoin était expliqué par le modèle homéostasique (= régulation de l'état intérieur), bien exprimé par le physiologiste américain Canon sous l'élégante formule « la sagesse du corps ». Pour lui en effet, le besoin est provoqué par un manque au niveau du métabolisme. L'organisme développe alors des comportements de recherche visant à compenser ce manque et lorsqu'il y parvient, c'est la satiété. La faim, la soif, le comportement sexuel, la fatigue, etc., bref les besoins physiologiques, correspondent assez bien à cette régulation appelée « homéostasie ». Cette sagesse du corps répond aux besoins essentiels et, outre la faim et la soif, on sait que dans les déserts le sel était précieux à l'égal de l'or et mobilisait des caravanes.

Or, certains besoins ne paraissent pas être homéostasiques, notamment le besoin de curiosité mis en évidence par Robert Butler (1954) chez les singes.

Dans une cage fermée, chaque singe doit apprendre à discriminer un carton bleu d'un carton jaune (par exemple le bleu) et, lorsqu'il appuie sur le bon carton, la récompense est l'ouverture d'une fenêtre avec vue... sur la pièce. Dans la pièce, différentes « animations » sont prévues, par exemple un train électrique. La récompense n'est donc pas, comme à la mode behavioriste, de la nourriture, mais une stimulation cognitive. Harry Harlow, à l'origine d'un renouveau après le behaviorisme, parle donc de motivation cognitive.

L'expérience peut ainsi durer pendant un mois sans qu'apparaisse de satiation, ce qui est très important sur le plan théorique car le besoin de curiosité ne subit pas de baisse. Ce fait crucial conduisit d'ailleurs Harry Harlow à opposer les motivations d'exploration (et de manipulation, 1950) aux besoins biologiques, qui sont homéostasiques (figure 2.1).

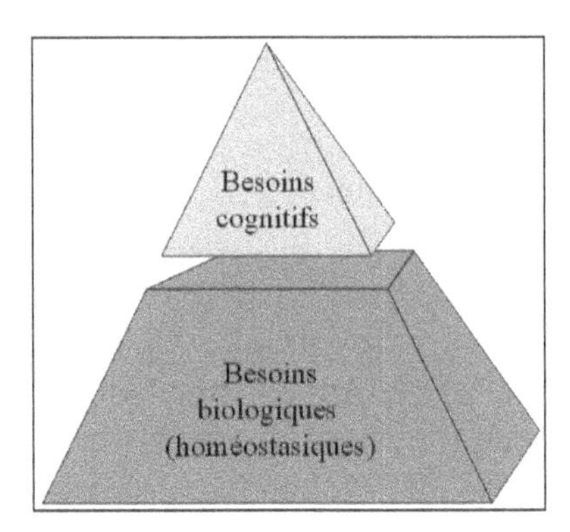

Figure 2.1 - Les besoins cognitifs se distinguent des besoins biologiques

Cette motivation cognitive ou besoin de curiosité (ou d'exploration) s'accorde bien aux découvertes des neurophysiologistes de l'époque (les années cinquante) qui battent en brèche les postulats behavioristes sur le rôle déclencheur du stimulus dans les expériences de privation sensorielle.

Dans une chambre spéciale, toutes les stimulations sensorielles sont éliminées : la chambre est maintenue à la même température, complètement isolée sur le plan phonique, dans le noir, le sujet humain ayant même des manchons aux mains pour ne pas sentir de stimulations tactiles. Les sujets sont payés 20 dollars par jour, ce qui à cette époque est une belle somme. Malgré cette récompense particulièrement alléchante, les sujets ne tiennent que quelques heures. Au bout d'une douzaine d'heures, des hallucinations se produisent et des tests montrent des désorganisations perceptives et motrices. Certains sujets proposent de faire un travail dur rémunéré 7 dollars par jour plutôt que d'entrer dans cette chambre des supplices. Le cerveau ne se déclenche donc pas seulement avec des stimulus mais il a une activité propre. En revanche, le cerveau a besoin de stimulus pour réguler son activité, origine biologique peut-être du besoin de curiosité.

Ce besoin de sensations est exploité par certains chercheurs pour qui la recherche de sensations est une motivation en soi. Ainsi s'explique le besoin qu'ont la plupart des gens de sursauter ou de frissonner devant des films d'aventure et thrillers (*to thrill* = frissonner), mais aussi d'avoir des sensations fortes comme dans le grand huit, le cinéma dynamique ou les sports extrêmes (ex. saut à l'élastique, surf...).

2. Motivation intrinsèque et motivation extrinsèque

Dans les expériences d'Harry Harlow sur les singes était mise en évidence une autre motivation cognitive, par le fait que des singes pouvaient travailler sur des jeux (puzzles) pendant une longue période sans aucune récompense, simplement pour l'activité elle-même. Ce besoin de manipulation n'était guère assimilable à un mobile ordinaire puisque ne correspondant pas à un renforcement strict : Harlow a donc proposé de classer ces besoins de curiosité et de manipulation comme des motivations « intrinsèques ».

Jusqu'alors, on pensait, et on pense encore de nos jours, que toute motivation est augmentée par le renforcement, par exemple, les joueurs internationaux (tennis, foot, etc.), les acteurs, les chanteurs gagnent des sommes de plus en plus vertigineuses...

Paradoxalement, Harlow et ses collègues ont montré l'inverse chez leurs singes. Dans une première phase, la réussite du puzzle était récompensée par de la nourriture dans un groupe alors que l'autre groupe ne recevait aucune récompense pour la même réussite. Ensuite les expérimentateurs ont à nouveau donné les puzzles en l'absence de toute récompense pour les deux groupes. Alors qu'on s'attend à plus de manipulations et de réussites dans le groupe préalablement renforcé, les résultats montrent l'inverse : les singes issus du groupe récompensé ont moins de bonnes réponses que les singes antérieurement non récompensés. Le renforcement « tue » la motivation intrinsèque...

Les expériences de Harlow amènent donc une distinction essentielle entre deux catégories de motivations, les motivations extrinsèques qui sont régies par les renforcements (loi de Hull, etc.) et les motivations intrinsèques (curiosité, manipulation...) qui n'auraient de but que l'intérêt pour l'activité en elle-même.

Comme l'a montré Edward Deci de l'université de Rochester (1971), la diminution de la motivation intrinsèque par des récompenses s'applique également à l'homme.

L'auteur propose à deux groupes de sujets de résoudre des problèmes de puzzles qui ont été jugés auparavant très intéressants sur une échelle (l'intérêt est évalué par une note de 1 à 9). Les problèmes sont proposés aux sujets au cours de trois périodes. La première est identique pour les deux groupes : les sujets doivent résoudre un certain nombre de problèmes dans un temps limité. Lors de la deuxième période, l'expérimentateur donne 1 $ par puzzle réussi au premier groupe alors que le deuxième groupe ne perçoit aucune récompense monétaire. Enfin pour réaliser la phase test lors de la troisième période, l'expérimentateur invoque une excuse qui lui permet de s'absenter. Mais avant de partir, il propose aux sujets soit de faire quelques puzzles supplémentaires, soit de lire des revues ou enfin de ne rien faire...

Les sujets sont alors observés à leur insu par une caméra et leur motivation intrinsèque est mesurée par le temps librement passé sur les puzzles...

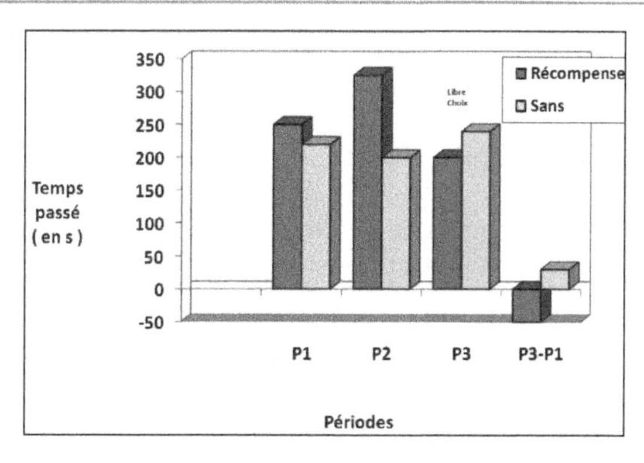

Figure 2.2 - Le temps moyen passé en libre choix augmente pour le groupe non récompensé (motivation intrinsèque) (adapté de Deci, 1971)

Les résultats (figure 2.2) montrent deux grands effets, différents selon les périodes. Bien que le temps passé sur les puzzles soit à peu près le même entre les deux groupes dans la première période (ce qui montre que les groupes sont assez similaires), on constate lors de la deuxième période que le groupe récompensé passe plus de temps en moyenne, environ 6 minutes contre environ 4 pour le groupe non récompensé : c'est la loi du renforcement (ou loi de Hull). Mais l'effet s'inverse lors la période du libre choix (ce qu'on observe mieux lorsqu'on fait la différence de temps entre cette période et la période de prétest, P3-P1).

Chez l'homme donc, les récompenses extrinsèques comme l'argent, ou des approbations verbales, causent une diminution de la motivation intrinsèque. Dans ce cas, le sujet n'effectue plus le comportement pour la satisfaction qu'il peut en retirer mais pour des motifs extrinsèques.

3. Le gagnant aura un beau ruban rouge

Plusieurs expériences ont par la suite confirmé ce résultat, y compris chez de tout jeunes enfants comme dans une mignonne expérience sur de jeunes enfants (3 ans et demi à 5 ans) d'une crèche. Parmi les activités de la crèche, on choisit de faire des dessins aux feutres magiques (dont la couleur change lorsqu'on repasse un autre feutre incolore). Afin de rendre l'activité plus attrayante, on raconte aux enfants qu'un monsieur ou une dame viendront voir les dessins. Un groupe contrôle ne reçoit aucune récompense. Dans l'autre, on annonce individuellement à chaque enfant dans une « salle surprise » qu'il aura droit pour ses dessins à son nom marqué sur un carton dans la classe et qu'il recevra un ruban rouge orné d'une étoile d'or (figure 2.3).

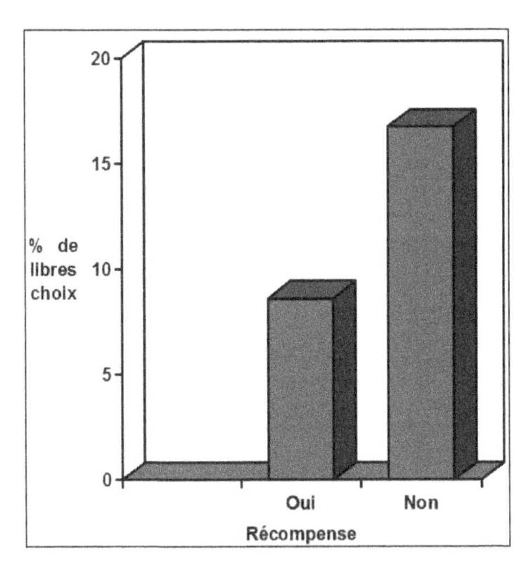

Figure 2.3 - Diminution du choix libre d'une activité chez des enfants de maternelle lorsqu'une récompense est annoncée (d'après Lepper *et al.*, 1973)

La motivation intrinsèque, mesurée par l'activité de dessin en libre choix, diminue fortement lorsqu'on a fait miroiter une belle récompense... le beau ruban rouge !

4. Motivation et contrainte

Connaissant ce phénomène, il est évidemment d'un grand intérêt pour le pédagogue de connaître ce qui fait diminuer la motivation intrinsèque. Les recherches ont effectivement trouvé plusieurs raisons. Dans l'expérience originale de Deci, c'est la récompense monétaire. Dans l'expérience du ruban rouge, c'est le « prix », et on sait combien les prix sont variés, des bons points, images, etc., aux diplômes, et la panoplie ne cesse de s'enrichir avec l'âge : les médailles, qu'elles soient olympiques ou militaires, les prix pour les artistes, Oscars, Césars, Molières, les prix Nobel... Mais la diminution de la motivation intrinsèque s'observe aussi dans d'autres situations, en général de contrainte, évitement d'une punition, surveillance ou même imposition d'un temps limite :

80 enfants de 4 à 5 ans d'une crèche participent à une activité de puzzles, évalués auparavant comme attractifs. Dans un groupe, on promet comme récompense du « bon travail » sur les puzzles de pouvoir jouer à des jeux très attractifs (robot, station lunaire...) que l'on montre aux enfants (ils y joueront effectivement comme promis). Dans l'autre groupe, l'activité des puzzles est réalisée pour elle-même (motivation intrinsèque). De plus, chaque groupe est séparé en deux selon les conditions de surveillance. Dans chacun des sous-groupes surveillés, une caméra TV est placée à côté de l'enfant et l'expérimentateur dit à l'enfant que la caméra l'enregistre pendant son absence pour voir s'il a bien travaillé. Une à trois semaines plus tard, on teste la motivation intrinsèque en laissant pendant une heure d'activités libres une table avec des puzzles et deux observateurs cachés (qui ne connaissent pas la première phase pour ne pas être influencés) comptent les enfants qui spontanément jouent aux puzzles.

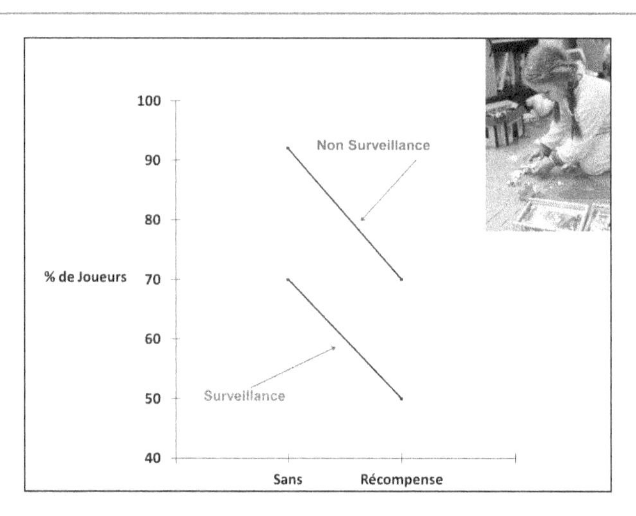

Figure 2.4 - Baisse du nombre de sujets choisissant librement une tâche en fonction de la récompense et de la surveillance (d'après Lepper et Greene, 1975)

On constate (figure 2.4) qu'à nouveau la récompense diminue la motivation intrinsèque mesurée par le libre choix de l'activité. Mais ce qui est nouveau ici est l'effet de la surveillance diminuant dans le même ordre de grandeur (20 %) l'attrait pour l'activité libre. La surveillance diminue donc la motivation intrinsèque. On constate également que les effets se cumulent puisque 90 % des enfants non récompensés et non surveillés choisissent librement les puzzles tandis qu'à l'inverse seulement 50 % des enfants récompensés et surveillés le font. On peut donc supposer que l'addition de plusieurs contraintes, prix, surveillance... va totalement supprimer la motivation intrinsèque.

De même l'imposition d'un temps limite à des étudiants dans la résolution de mots croisés détermine dans une phase postérieure une baisse de la motivation intrinsèque pour une activité ludique (cubes).

Ainsi, donner un temps limite (15 minutes) aboutit à diminuer la motivation intrinsèque pour un jeu à base de cubes (figure 2.5). Des variations dans l'expérience montrent qu'un temps limite implicite du genre « d'habitude, les gens ne mettent pas plus de 15 minutes » a le même effet négatif sur la motivation intrinsèque. Au contraire, dire aux sujets d'aller le plus vite qu'ils peuvent ne baisse pas la motivation intrinsèque.

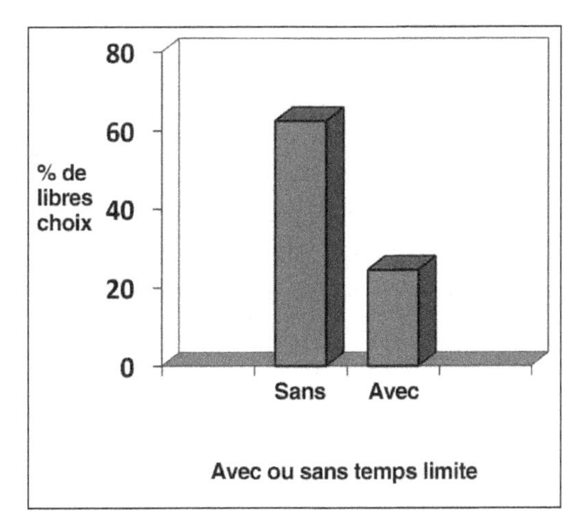

Figure 2.5 - Diminution des libres choix lorsqu'on impose un temps limite (d'après Amabile, DeJong et Lepper, 1976)

5. Le besoin d'autodétermination : la théorie de Deci et Ryan

Au total, la motivation intrinsèque est diminuée par tout ce qui est perçu par l'individu comme un contrôle, une contrainte du sentiment d'autonomie : les récompenses monétaires, prix, mais aussi l'évaluation sociale, la surveillance, imposer un temps limite, etc. Pour Edward Deci et son collègue Richard Ryan, toutes ces expériences démontrent que l'enfant tout comme l'adulte a un besoin fort d'autonomie. Le besoin d'autonomie est donc un puissant « ressort » de la motivation intrinsèque. Toutes ces recherches ont amené Deci et Ryan à proposer une première théorie expliquant les différentes motivations en termes de *continuum* d'autodétermination.

La motivation intrinsèque signifie que l'individu va effectuer une activité uniquement à cause du plaisir qu'elle lui procure. Pour cette raison, les études portant sur la motivation intrinsèque utilisent des activités qui sont jugées très intéressantes. Le temps que peut passer le sujet en dehors de toute contrainte expérimentale est de ce fait une des meilleures mesures de la motivation intrinsèque. Une autre méthode, plus subjective, est de demander par voie de questionnaire (ou d'échelle de mesure, voir plus loin) le plaisir et la satisfaction ressentis lors de l'exécution de la tâche.

La motivation extrinsèque fait référence à toutes les situations où l'individu effectue une activité pour en retirer quelque chose de plaisant tel que l'argent ou pour éviter quelque chose de déplaisant. Selon Deci et Ryan, la motivation extrinsèque peut être envisagée sur un *continuum* d'autodétermination. Au niveau le plus haut (figure 2.6), l'individu agit parce qu'il a le sentiment d'être autodéterminé. Au niveau le plus bas, il est amotivé lorsqu'il ne perçoit pas de relation entre ses actions et les résultats obtenus. Quelle que soit l'action, l'individu en perçoit les résultats comme indépendants de sa volonté ; c'est donc l'inverse extrême de l'autodétermination. Entre les deux existe une large gamme de motivations liées aux contraintes extérieures telles que le souci de gagner de l'argent, d'être valorisé par des prix, de faire plaisir aux parents : ce sont les motivations extrinsèques.

Lorsque les individus sont intrinsèquement motivés, ils ont tendance à attribuer la cause de leur activité à eux-mêmes comme nous l'avons vu (ça m'intéresse), dès lors ils se sentent autodéterminés. Inversement, s'ils sont extrinsèquement motivés, la cause de leur activité leur apparaît externe (école obligatoire) et, par conséquent, ils se sentent moins autodéterminés. C'est ce qui explique la baisse de la motivation intrinsèque lorsqu'il y a des récompenses monétaires, une surveillance, l'imposition d'un temps limité, l'obtention d'un prix, bref tout ce qui est vu comme une pression, un contrôle, une contrainte. Rétrospectivement, on mesure combien l'autonomie est un besoin fondamental de l'homme, ce que les philosophes appellent la liberté, exprimée de façon exagérée dans ce graffiti de Mai 68 « Il est interdit d'interdire » ! Le besoin d'autonomie explique beaucoup de faits historiques, de la révolte de Spartacus à la Révolution française...

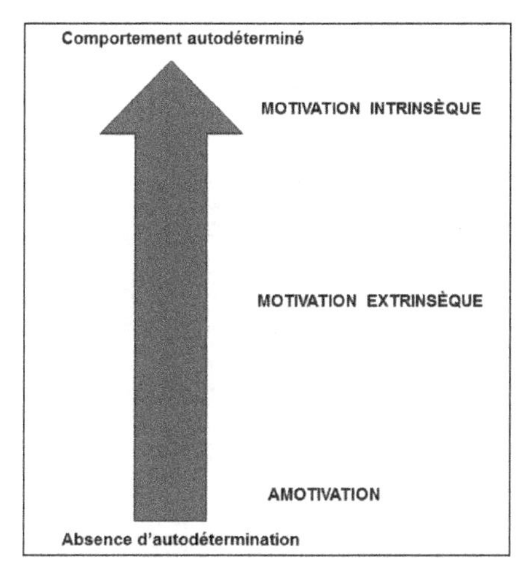

Figure 2.6 - La motivation vue comme un continuum en fonction de l'autodétermination (d'après Deci et Ryan)

6. Quelle motivation pour l'école ?

Dès lors, quelle motivation choisir pour l'école ? Dans l'ensemble, les pédagogues ont tendance à valoriser la motivation intrinsèque. En particulier, parce qu'elle pousse l'élève ou l'individu à continuer hors de la pression sociale. C'est donc la motivation qui permet une stabilité, une persévérance, associée aux hautes performances. Néanmoins, c'est un extrême et l'on peut avoir une large gamme de performances efficaces de façon extrinsèque. Si l'on revoit par exemple une partie des résultats de Deci sur les puzzles (figure 2.7), on s'aperçoit qu'avec une récompense de un dollar par puzzle, les sujets passent en définitive plus de temps à faire des puzzles qu'en libre choix. De même dans l'étude sur le type de motivation et les textes (figure 2.7). Il ne faut donc pas tirer sur le pianiste parce qu'il est payé !!!

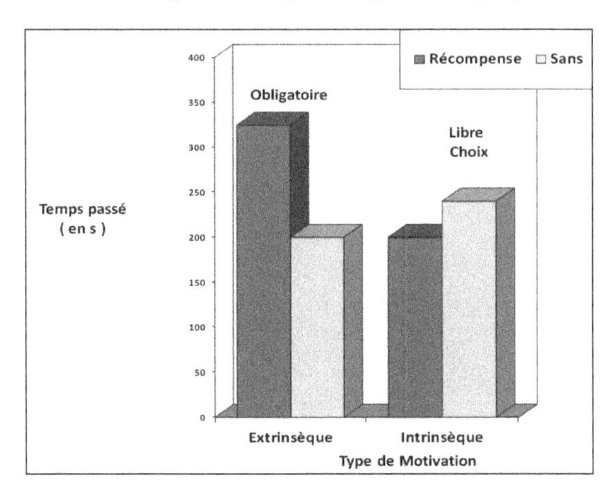

Figure 2.7 - Quelle motivation est la plus efficace ? (adapté de Deci, 1971)

Cependant, il est important d'identifier le type de motivation chez les élèves, car la motivation intrinsèque est « cassée » par la contrainte, c'est-à-dire, les renforcements (notes, argent), l'évaluation, la compétition (dans le sens de la comparaison sociale). Tout ce qui favorise l'autodétermination, l'estime de soi, est donc à conseiller.

Ce qui tue la motivation, au bon sens du terme – motivation intrinsèque ou motivation extrinsèque autodéterminée –, c'est la contrainte. Le prototype chez l'adulte est celui qui attend avec hâte le vendredi soir, et la retraite comme le vendredi soir de sa vie. En définitive, ce qui est à proscrire sur le plan éducatif est ce qui nuit à la personne, la baisse de la sensation de compétence et de l'impression de libre arbitre. Dans ces cas, la motivation extrinsèque est contrôlée, contrainte, et l'élève s'approche de la résignation acquise, de la perte de motivation...

La motivation évolue d'ailleurs avec le niveau scolaire et l'âge.

Une recherche colossale de Susan Harter de Denver dans le Colorado a mis ce phénomène en évidence sur 3 000 élèves allant du CE2 jusqu'à la 3e (grades 3 à 9 pour les USA) dans les États de New York et de Californie. La motivation était étudiée à travers un questionnaire composé de cinq catégories de questions. Trois catégories de questions étaient corrélées entre elles ; elles reflétaient la motivation intrinsèque. Tout d'abord, l'esprit de défi (avec des questions comme « j'aime les problèmes difficiles et nouveaux »), la curiosité et l'intérêt (« j'aime les nouveaux projets », « les choses nouvelles à apprendre »), et la maîtrise du travail scolaire (« je fais mon travail scolaire sans aide »)...

Un effet majeur apparaît, qui est la baisse progressive de la motivation intrinsèque, montrée sur la figure (2.8) par la baisse de la curiosité et de l'intérêt (de même pour le défi et la maîtrise, non représentée sur la figure). Selon l'expression de l'auteur, l'école « étouffe » la motivation intrinsèque et au contraire oriente vers l'attente d'un travail assigné, vers l'approbation et la dépendance vis-à-vis des professeurs.

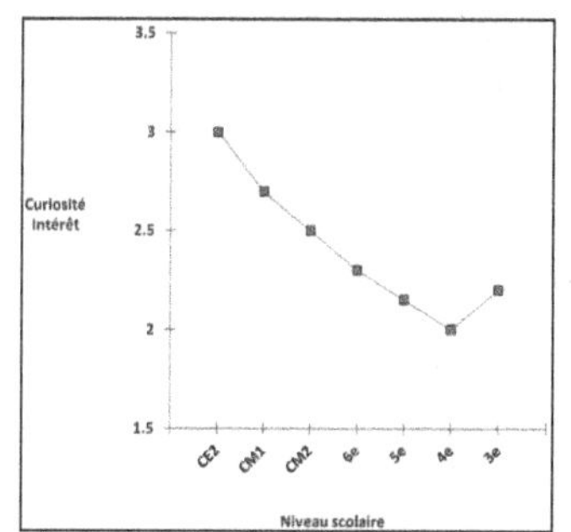

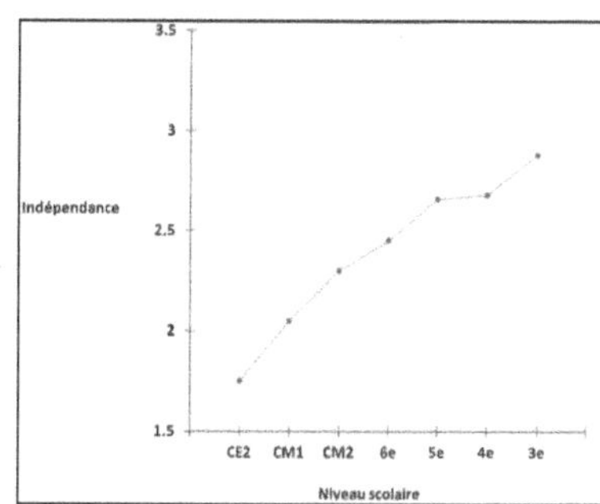

Figure 2.8 - L'école baisse la motivation intrinsèque mais éveille la connaissance de soi
(d'après Susan Harter, 1981 – 3 000 élèves)

Tout concourt en effet à réduire la motivation intrinsèque à l'école. L'école est obligatoire, elle est donc perçue contre l'autodétermination et comme une contrainte. Le système de notation est largement évaluatif et rarement informatif. Il conduit donc à une implication par rapport à l'ego (extrinsèque) ; la compétition sociale (les bons et les faibles) renforce ce processus d'évaluation sociale. Et pour couronner l'ensemble, la hiérarchie entre les matières augmente le caractère évaluatif. Au total, si l'objectif explicite de l'école est celui d'une école pour tous, tout est réuni pour que le système soit en fait élitiste. Si l'école doit rester obligatoire dans une perspective démocratique, il n'est pas obligatoire qu'elle cumule les aspects contraignants.

Cependant, les deux autres catégories de questions (figure 2.8 page 41) présentent une évolution complètement inverse. Ces questions reflètent plutôt un aspect cognitif-informatif, autrement dit la connaissance de soi ; notamment un sentiment d'indépendance cognitive, par exemple « je me base sur ma propre opinion », « je préfère mes propres idées » et une internalisation des règles, « je connais mes erreurs, sans le professeur ». Si l'intérêt et la curiosité ont donc tendance à baisser, ils sont compensés par une plus grande indépendance, un plus grand recul vis-à-vis du système. Le réalisme prend le pas sur la curiosité ; de cigale, on devient fourmi...

L'APPRENTISSAGE DU DÉCOURAGEMENT

Sommaire

1. La résignation acquise

« Énervé, coincé, frustré, dégoûté ? » Non, il ne s'agit ni de l'école, ni du travail mais d'un jeu vidéo. Ainsi titrait en effet la revue de jeux vidéo *Player Station*[1] après la sortie de Tomb Raider III. Pourtant beaucoup d'élèves aimeraient avoir la belle Lara Croft comme professeur ! Oui mais voilà, le jeu est trop dur. Comme l'écrit l'éditorialiste : « Stop !!! Help ! Face à une difficulté à la limite du supportable, nous avons jugé bon pour vous, qui avez investi dans ce cauchemar, de vous faciliter la vie avec une soluce... » En effet, à certains niveaux, Lara Croft doit ramper ou nager dans les égouts de Londres, où rôdent des crocodiles, et la torche ne reste allumée que quelques secondes... Lara se fait croquer à tous les coups...

C'est un courant de recherche, initié chez l'animal, qui a permis de faire une avancée importante dans ce domaine aux conséquences parfois dramatiques.

Tout commence par des expériences sous la direction de Martin Seligman, à l'université de Pennsylvanie.

Dans une expérience, trois groupes sont constitués avec des chiens qui, individuellement, sont attachés par un harnais. Dans le premier groupe appelé « évitement », les chiens reçoivent 64 chocs électriques douloureux espacés (une à deux minutes). Si le chien appuie sur un panneau placé juste devant son museau durant le choc, alors ce dernier s'arrête, sinon il continue pendant 30 secondes. 24 heures plus tard, les chiens sont mis dans une boîte à navette (*shuttle box*) ; ce dispositif de la navette avait été inventé par d'autres chercheurs pour étudier le stress et il est couramment employé chez le rat pour étudier l'effet de médicaments anti-stress,

1. Numéro L8295.

tranquillisants, antidépresseurs... La navette est constituée de deux compartiments séparés par une barrière, un peu comme un court de tennis miniature. Mais là s'arrête la comparaison car un signal sonore retentit annonçant (10 secondes plus tard) l'arrivée d'un choc électrique dans le compartiment où se situe le chien. Dans ce dispositif, appelé aussi « conditionnement d'évitement », le chien est prévenu de sorte que, s'il saute la barrière pour aller dans l'autre compartiment dès le signal, il évite complètement le choc électrique ; sinon 10 secondes après le signal, il reçoit le choc électrique. Un deuxième groupe, dit « contrôle », ne passe pas la période pré-expérimentale dans le harnais, mais seulement la deuxième dans la boîte à navette. Enfin, le troisième groupe est tout à fait spécial puisqu'il reçoit un entraînement pré-expérimental dans le harnais mais l'appui du museau sur le panneau ne permet pas d'arrêter le choc. 24 heures plus tard, ce troisième groupe est mis dans la boîte à navette dans les mêmes conditions que les 1er et 2e groupes.

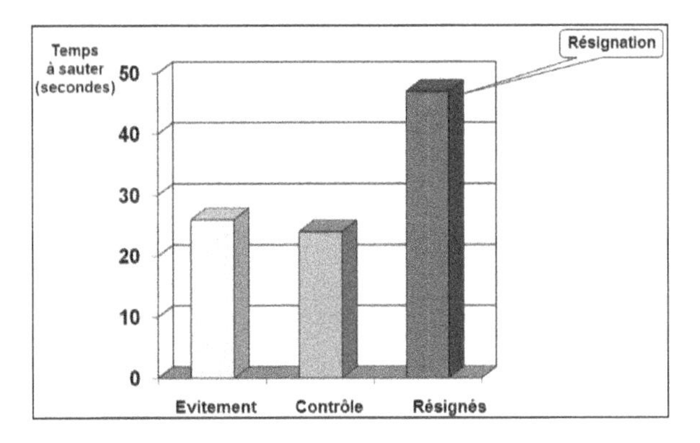

Figure 3.1 - Ralentissement du temps à éviter un choc électrique pour le groupe de chiens résignés par rapport aux deux autres groupes (d'après Maier et Seligman, 1967)

Les résultats sont accablants puisque l'on constate (figure 3.1) que si le temps passé (en moyenne) dans l'autre compartiment, dépourvu de choc, est d'environ 27 secondes dans le groupe « évitement » ou dans le groupe contrôle, le troisième groupe met en moyenne près du double de temps pour s'échapper (48 s). Sachant que le choc arrive dix secondes après le signal, plus de 75 % des chiens de ce troisième groupe n'arrivent pas à éviter au moins 9 chocs sur les 10 alors qu'aucun chien du groupe évitement n'arrive jamais à une telle extrémité. Les chiens sont passifs et pour cette raison, Seligman les a appelés « résignés » : c'est le phénomène, désormais célèbre de la « résignation apprise ».

De très nombreuses expériences ont été stimulées par la suite tant sur le plan psychologique que sur le plan neurobiologique. En bref, sur un plan psychologique, la résignation arrive lorsque l'organisme (animal ou homme) ne perçoit plus de relation entre ce qu'il fait et les résultats de son action. Sur le plan neurobiologique et neurochimique, il semble que ce stress stimule les systèmes anti-douleurs du cerveau avec la sécrétion de substances appelées « endorphines » parce qu'elles ressemblent chimiquement à la morphine d'où les effets anti-douleurs de ces dérivés de l'opium, avec tous les phénomènes psychologiques qui leur sont associés, perte d'appétit, passivité, bref, perte de motivation... Ne croyez pas que c'est le choc électrique (d'ailleurs léger dans la première phase, comme un picotement) qui crée cette résignation. Par la suite, des chercheurs ont montré que différentes situations amenaient le même état de résignation.

2. La résignation apprise chez les enfants

Connaissez-vous le Schmilblick ? Jeu télévisé immortalisé par le sketch de Coluche. Un objet mystérieux doit être découvert ; chaque joueur a droit à une seule question et l'animateur ne répond que par oui ou par non. Imaginons que le Schmilblick soit une assiette. Il faudra poser des questions du genre :

- Est-ce que le Schmilblick est un objet ? Réponse de l'animateur : oui.
- Est-ce que le Schmilblick est utile dans la vie courante ? Réponse oui.
- Est-ce que le Schmilblick se mange ? Réponse non.

Ce jeu, comme le plus « sérieux » *Mastermind*, est dérivé d'une technique d'étude, la formation de concepts, destinée à montrer que le raisonnement s'apprend lui aussi. Pour beaucoup de chercheurs américains, en effet, l'intelligence résulte d'apprentissages.

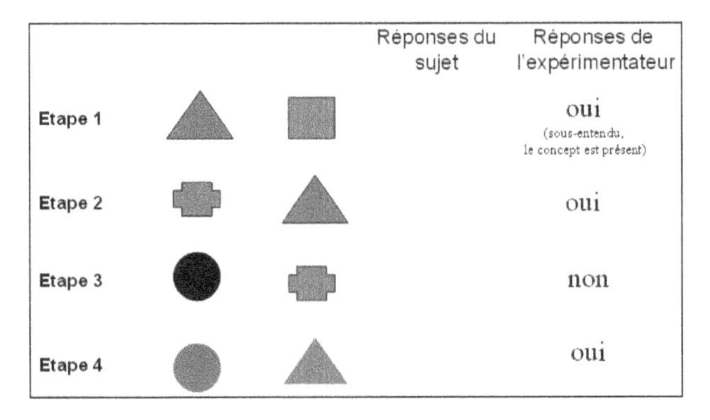

Figure 3.2 - Cherchez le Schmilblick : exemple d'étapes dans la formation de concepts

Remarque : pour éviter des confusions, la réponse du sujet n'est pas écrite.Dans de nombreuses recherches sur la résignation apprise en milieu scolaire, Carol Dweck de l'université de l'Illinois et son équipe ont montré la genèse de la résignation chez l'enfant en utilisant la formation de concepts. On présente par exemple des figures de formes et couleurs variées (figure 3.2). À chaque étape, l'expérimentateur donne le choix entre deux objets (le concept est, ou n'est pas là) et, en fonction d'une hypothèse, le participant doit dire « oui » ou « non » ; l'expérimentateur le corrige (c'est vrai ou c'est faux) et le sujet restreint ainsi logiquement les possibilités. Ainsi, à la 1re étape, c'est le hasard ; à l'étape 2, le participant peut supposer que le concept est le « triangle rouge » ou la « couleur bleue » mais, du fait de la réponse non de l'expérimentateur à l'étape 3, la couleur bleue est éliminée. Comme la bonne réponse est oui, à la 4e étape, le concept est seulement le « triangle » (et non le triangle rouge).

Dans une expérience type, des enfants de niveau fin du primaire sont préalablement classés (d'après leurs attributions spontanées et une échelle sur des cas de réussite ou d'échec) selon leur orientation spontanée de résignation ou maîtrise.

Par la suite, les enfants travaillent sur 8 problèmes dits de succès et sur 4 derniers problèmes dits d'échecs, c'est-à-dire impossibles à résoudre (l'expérimentateur donne des fausses informations). Les problèmes (formation de concepts) sont construits de façon à pouvoir détecter les changements de stratégies. Après les six premiers problèmes, ils sont encouragés à exprimer ce qu'ils ressentent à propos de la tâche et doivent prévoir leur performance avant chaque problème. Tous les enfants résolvent effectivement les problèmes de succès. À ce stade, aucune différence, par exemple dans les stratégies, n'est observée entre les enfants des deux orientations. De même, les verbalisations montrent un égal intérêt dans la tâche pour les deux groupes d'enfants. Cependant quand arrivent les problèmes d'échec, deux modèles émergent.

Premièrement, les enfants résignés attribuent leurs échecs à une inadéquation personnelle, citant spontanément une déficience en intelligence, mémoire, ou dans les habilités requises pour la tâche. Les enfants n'espèrent plus réussir et commencent à avoir des sentiments négatifs. Principalement, ils expriment une aversion envers la tâche, déclarent qu'elle est ennuyeuse, se révèlent anxieux et ceci en dépit du fait que, peu de temps auparavant, ils déclaraient que la tâche et la situation étaient agréables. De même, plus des deux tiers des enfants résignés s'engagent dans une verbalisation inadéquate par rapport à la tâche. Par exemple, ils vont tenter de modifier les règles de la tâche, ou encore ils vont parler de leurs talents dans d'autres domaines. Les auteurs présument qu'ils tentent de diriger l'attention en dehors de leurs performances actuelles ; ainsi au lieu de concentrer leurs ressources pour atteindre le succès ils tentent de redorer leur image d'une autre façon. Enfin, les auteurs constatent chez les enfants résignés une détérioration de leurs performances au cours des essais. Principalement, ces enfants montrent clairement un déclin de leur niveau stratégique avec les problèmes d'échec et 60 % d'entre eux s'orientent vers des stratégies inadéquates caractéristiques des enfants préscolaires qui ne permettent en aucun cas de résoudre les problèmes.

Les enfants orientés vers la maîtrise ne paraissent pas penser être en échec. Lorsqu'ils sont confrontés à l'échec, ils voient les problèmes insolubles comme un défi personnel (et non comme une compétition sociale). Avant la fin des essais, ils s'orientent vers une grande variété de solutions. Par exemple, ils orientent leurs réponses dans une voie précise ; ils peuvent également se donner des instructions pour augmenter leurs efforts et leurs niveaux d'attention. D'un autre côté, ils vont garder un fort optimisme concernant la fructification de leurs efforts. Les deux tiers d'entre eux prévoient une réussite des problèmes suivants. Enfin, 80 % de ces élèves gardent le niveau de stratégie qu'ils avaient avant les problèmes d'échec et 25 % augmentent leur niveau de stratégie durant la tâche d'échec.

3. Pourquoi les enfants résignés n'aiment pas les maths…

Les enfants orientés vers la résignation ne tombent vraiment dans l'échec que lorsque la tâche est difficile, de sorte que Barbara Licht et Carol Dweck ont suggéré une explication intéressante de la résignation fréquente en maths. Pour elles, les maths impliquent de nombreux changements d'unités de connaissance dans le secondaire, avec de l'algèbre, de la géométrie, etc., par rapport au simple calcul. Ce qui n'est pas forcément le cas en français par exemple, où les difficultés sont plus continues. Le changement brutal pourrait donc créer une situation difficile pour les élèves ayant une orientation vers la résignation et les plonger ainsi dans l'échec.

Pour vérifier si une telle hypothèse était concevable, les auteurs ont présenté à des élèves de fin du primaire des textes de psychologie. Ces textes étaient formulés soit de façon claire et accessible pour des enfants de cet âge, soit au contraire volontairement confus avec un vocabulaire complexe.

La confusion ne gêne pas les élèves orientés vers la maîtrise de la tâche (les différences du tableau ne sont pas statistiquement différentes) alors qu'en revanche, les élèves ayant une attitude de résignation échouent presque deux fois plus (figure 3.3).

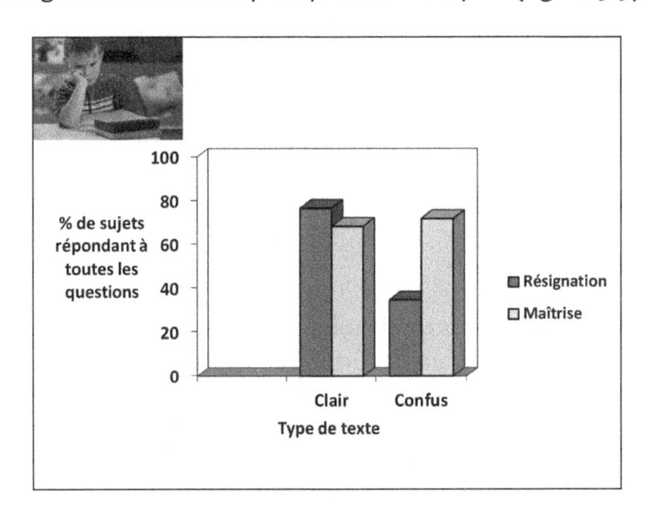

Figure 3.3 - Un cours confus plonge dans l'échec les élèves orientés vers la résignation (d'après Barbara Licht et Carol Dweck, 1984)

Ainsi, je pourrais provoquer une attitude de résignation en écrivant volontairement de façon compliquée ce que je viens de dire. Voici un exemple :

Texte confus

Carol Dweck insiste pour montrer que les élèves orientés vers la résignation ne sont pas les plus faibles (dans les expériences, les niveaux préalables sont équivalents) ou ceux qui le sont du fait d'un passé d'échec comme le montrent les expériences où des nouvelles tâches sont proposées (par exemple, les puzzles de l'équipe de Deci et Ryan ou le cours de psychologie de Dweck), la nature de l'activité en elle-même peut provoquer l'échec de sorte que toute matière nouvelle présentant des difficultés, confusion, etc., est largement susceptible de décourager les élèves qui ont une orientation vers la résignation.

Vous avez compris ? Non ! Moi non plus, bien que je l'aie écrit ; il faut même que je relise plusieurs fois ce texte pour me comprendre… Mais en voici une traduction claire.

Texte clair

Est-ce que ce sont les plus faibles qui sont orientés vers la résignation ? Non, car dans l'expérience de Carol Dweck, les élèves sont de niveaux équivalents. Sont-ils résignés à cause d'un passé d'échec ? Non plus, car on prend soin de présenter des tâches toutes nouvelles : ici un cours de psychologie, matière inconnue pour ces élèves. C'est donc la présentation confuse, seule, qui provoque l'échec. Ainsi, toute présentation confuse, complexe, technique, etc., a de grandes chances de créer ou d'aggraver le découragement. Avis aux concepteurs de manuels scolaires !

Vous voyez, entre parenthèses, que faire des phrases longues est un paramètre fondamental de la confusion ; le deuxième paramètre est l'enchâssement des phrases (faire des parenthèses, des digressions…). La raison en est la surcharge dans notre petite mémoire à court terme…

4. Le découragement en français et en maths

Stéphane Ehrlich et Agnès Florin ont démontré, en situation scolaire réelle, l'importance du phénomène dans l'échec scolaire. Une observation avait montré que des élèves de CE2 (8-9 ans) faisaient de plus en plus de fautes au cours du premier trimestre de la rentrée. Après analyse du type de dictées données par les instituteurs, les auteurs ont montré que le phénomène était assez simple à expliquer : à la rentrée, les dictées étaient très simples mais elles augmentaient ensuite progressivement en difficulté, grammaticale, vocabulaire, etc., de sorte que les performances scolaires se dégradaient elles aussi progressivement.

Pour le démontrer expérimentalement (et constater ainsi qu'il ne s'agissait pas d'une coïncidence ou d'une mauvaise interprétation), une série d'expériences furent réalisées en français (lecture et questions de compréhension) ou en maths (exercices d'arithmétique).

À partir d'un objectif de base, correspondant à une performance moyenne antérieure des élèves, on augmentait la difficulté des séances de travail (espacées de quelques jours) de 25 %, 50 % ou 100 % (c'est-à-dire deux fois plus difficile dans le dernier cas). Trois types d'élèves ont été observés en fonction de leur performance au fil des trois séances. Certains élèves ont sans cesse progressé, atteignant environ 70 % de la performance moyenne de départ. Cependant, ils ne correspondent qu'à un tiers de la classe. Un deuxième ensemble d'élèves s'est révélé être en baisse lors de la troisième séance, soit par rapport au niveau atteint lors de la séance 2, soit même par rapport à la première séance ; ce fait était d'autant plus inquiétant que ces deux derniers groupes correspondaient aux deux tiers de la classe.

➚

Tableau 3.1 - Répartition d'élèves de CE2 en fonction de leur niveau initial dans une situation de demande excessive (d'après Ehrlich et Florin, 1989)

	En hausse	En baisse à la séance 3	En baisse dès la séance2
Élèves forts	4	-	-
Élèves moyens	4	4	4
Élèves faibles	-	5	3
Total	8	9	7

Comme les auteurs avaient pris la précaution d'identifier les élèves selon leur niveau d'origine (de forts à faibles), on peut observer à quels types d'élèves correspondent les performances en hausse ou en baisse. En fait, on s'aperçoit (tableau 3.1) que les seuls élèves en hausse étaient les plus forts du groupe. Sur les élèves moyens, seulement un tiers étaient en hausse tandis que tous les élèves en baisse étaient des élèves faibles. Au total, seul un tiers des élèves sont en hausse à toutes les séances, donc les deux tiers baissent, soit tout de suite, soit à la 3e séance. Comme le font remarquer les auteurs, la demande excessive augmente les disparités entre élèves.

5. Découragement et surcharge en géographie

Le phénomène de découragement en fonction de la demande excessive se retrouve comme on peut s'en douter dans d'autres matières et n'est pas spécifique aux jeunes élèves.

Ainsi avons-nous découvert (par hasard ; Lieury, 2012) le même phénomène au cours d'un apprentissage d'une carte de géographie (l'Amérique) en fonction de la surcharge (addition des noms de 1 à 24 pays à 24 villes à apprendre). Notre but était de montrer que la surcharge ralentissait probablement l'apprentissage. Ainsi, plus on ajoutait de notions (de 1 à 24 noms de pays), moins l'apprentissage moyen de la classe était rapide.

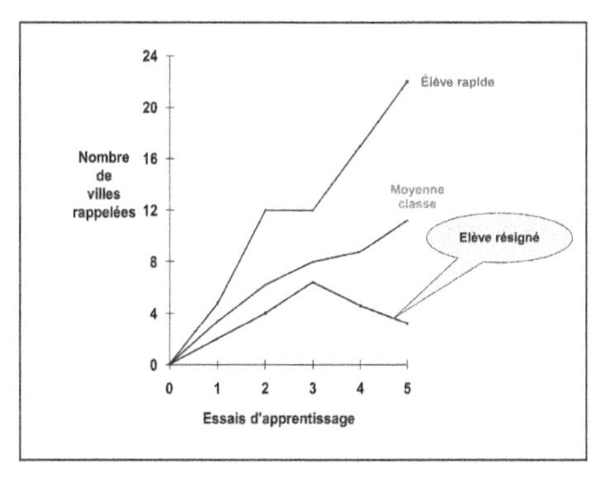

Figure 3.4 - Apprentissage du découragement pour les élèves faibles dans une carte surchargée (24 villes + 24 titres)

Mais en regardant les résultats individuels dans la condition de la carte la plus surchargée (figure 3.4), on s'aperçoit que certains élèves commencent à apprendre, un peu comme la moyenne des élèves, puis chutent complètement, c'est l'apprentissage du découragement : au fur et à mesure des essais d'apprentissage, l'élève, notamment l'élève faible, ne perçoit pas de relation entre ce qu'il fait et les résultats de son action, il se démotive progressivement. Il s'agit bien d'un découragement appris (ou acquis) puisque les élèves en question ont des niveaux de performance inférieurs à ce qu'ils ont été capables de faire (par exemple au 3e essai, figure 3.4) ; ce n'est donc pas une question de compétence mais de motivation.

Connaissant les répercussions végétatives de la résignation apprise, beaucoup de comportements d'élèves peuvent ainsi être expliqués, de la simple passivité à des dépressions graves pouvant conduire au suicide comme au Japon.

Le philosophe Alain, professeur au lycée et chroniqueur, dénonce ainsi dans un de ses propos le sot pédagogue qui, rapportant le devoir d'un élève, lui « disait gravement : "Je ne vous parlerai pas de ce qu'il y a de bon là-dedans ; vous y penserez toujours bien assez. Voyons les fautes"... Combien en ai-je entendu, de ces ânes à bonnet de docteur, qui semblaient ne chercher que l'occasion d'humilier le disciple... j'en voyais d'autres, moins sûrs d'eux-mêmes, ou plus polis, ou plus tendres, ou plus craintifs, qui avaient les larmes aux yeux lorsque ce rustaud de lettré lisait tout haut, en grimaçant, quelque phrase ridicule que le pauvre enfant avait gréée et lancée toutes voiles dehors... Mais les plus haïssables étaient les mathématiciens. Ils semblaient n'être là que pour découvrir en nous les signes d'une stupidité sans remède... Aussi parmi les esprits lents et timides, quel massacre !... Un sage aurait dit au pauvre enfant : "Vous voulez certainement dire quelque chose mais vous vous trompez sur les mots..." J'ai attendu bien des fois une parole de ce genre, et, il faut que je le dise, toujours en vain » (1909, *Propos,* n° 1, 286).

6. C'est le prof qui ne m'aime pas !

Les phénomènes regroupés sur le terme de « résignation apprise » définissent un état dans lequel l'organisme a appris (consciemment ou inconsciemment) que les résultats sont incontrôlables par ses réponses, ce qui induit chez lui une passivité face aux événements négatifs qu'il rencontre (Maier et Seligman, 1976). Il est important de noter que le trauma occasionné par les chocs électriques, chez l'animal, ne suffit pas à expliquer la résignation puisque c'est seulement lorsque les chocs sont incontrôlables qu'il y a résignation. Il est très important de le souligner car on pourrait croire que la résignation n'apparaîtrait que chez des enfants maltraités. Nous avons bien vu avec les expériences chez les enfants, ou à l'école, que le découragement se produit sans punition mais face à une situation trop difficile.

Chez l'homme, l'explication dans les termes, d'un enchaînement allant de l'événement incontrôlable jusqu'à la résignation, se complique par les représentations mentales et notamment, comme les psychologues sociaux l'ont montré (Heider par exemple), par les attributions qu'il peut effectuer face à la situation incontrôlable. En effet, l'homme mis face à un événement incontrôlable va chercher les causes de ce manque de contrôle. Les théoriciens ont distingué trois axes principaux sur lesquels il est possible de distribuer les attributions des individus.

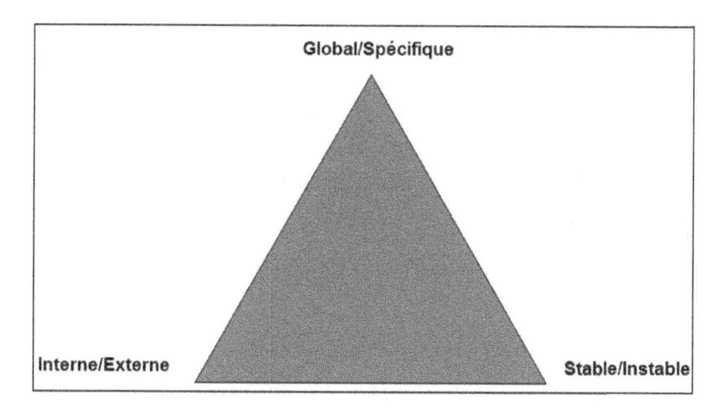

Attribution de causalité interne ou externe :

L'individu peut attribuer son échec à des causes externes : par exemple attribuer une faible performance de mémorisation au fait qu'il y avait trop de bruit lors de l'apprentissage. À l'inverse, il peut estimer que sa très bonne performance est due à sa très bonne capacité de mémorisation ; dans ce cas il attribue sa performance à des causes internes.

➘ *Résignation globale ou spécifique :*

Quand la résignation apparaît dans toutes les situations, on peut alors la qualifier de globale, alors que si elle n'apparaît que dans certaines catégories de situations, elle est considérée comme spécifique. Par exemple, un individu peut attribuer un mauvais résultat en mathématiques à un faible quotient intellectuel (résignation globale) ou à une faiblesse spécifique dans cette matière (résignation spécifique).

➘ *État stable ou temporaire :*

En revanche, une caractéristique de la résignation apprise est la stabilité dans le temps ; on l'a vu dans les expériences sur l'animal, puisque l'inertie se prolonge dans une phase où l'animal pourrait s'échapper. Dans l'exemple du résultat aux mathématiques, un manque d'aptitude est un état stable alors qu'un manque de révision est un état normalement temporaire.

Au total, le croisement de toutes les combinaisons d'attributions donne huit cas de figures (2 x 2 x 2). Voici des exemples d'attributions que pourrait faire un élève en cas d'échec en mathématiques ou en géographie (ou toute autre matière).

6.1 « Les profs sont nuls » : les attributions en cas d'échec

La résignation apprise qui est exprimée par le classique « je suis nul », « j'arriverai jamais », etc., correspond à deux des huit combinaisons, celle d'une attribution stable et interne, soit globale ou spécifique.

Tableau 3.2 - Exemples d'attributions globales d'un élève en situation d'échec en mathématiques

Globale			
Interne		**Externe**	
Stable	**Instable**	**Stable**	**Instable**
Je suis nul partout	Je n'ai pas assez révisé	Les profs de cette classe sont nuls	Je n'ai pas eu de chance

Le plus grave pour l'élève, ou l'adulte, étant la résignation acquise, on peut considérer comme une protection de l'individu de faire des attributions externes, « les profs sont nuls » ou des attributions instables, « j'ai pas donné le maximum » (tableau 3.2).

Tableau 3.3 - Exemples d'attributions d'un élève face à une situation d'échec en géographie

Spécifique			
Interne		**Externe**	
Stable	**Instable**	**Stable**	**Instable**
Je suis nul en géographie	J'ai fait une erreur	Le prof de géo ne m'aime pas	J'avais fait l'impasse sur cette partie

Dans l'attribution interne et stable mais spécifique (tableau 3.3), la résignation est spécifique à une matière. Il n'est pas certain que ce cas soit très fréquent à l'école car on note que les matières sont généralement corrélées (voir Lieury, 2012). Ce cas devrait être moins grave mais malheureusement dans un contexte de hiérarchie des matières, l'échec en mathématiques a certainement un retentissement plus grand et il est perçu par bon nombre d'élèves comme un échec global. Si les disciplines étaient moins hiérarchisées, une attitude pédagogique d'encouragement consisterait à insister sur la spécificité de l'échec et à rechercher systématiquement chez l'élève en difficulté ses points forts pour les valoriser. Le « je suis nul » pourrait être suivi du « mais je suis bon ailleurs ». Une telle pédagogie de « valorisation » peut se concevoir puisque nous avions montré (*cf. Mémoire et Réussite scolaire*) que c'est une fausse idée de voir dans les mathématiques le meilleur baromètre de la réussite et que la plupart des autres matières sont équivalentes dans leur caractère prédictif de la réussite. Une pédagogie de la valorisation ne peut donc se faire que par rétablissement de l'importance de la variété des matières dans le cursus général.

6.2 « Je suis génial ! » : attributions en cas de réussite

En cas de réussite, naturellement, les mécanismes d'attribution existent aussi, mais avec une tendance inversée. En cas d'échec, l'élève ou l'individu a tendance à les attribuer de façon externe, des profs au système. Mais à l'inverse, la réussite est en général attribuée à soi-même, « je suis génial » ou « j'ai beaucoup révisé » plus fréquemment qu'à des causes externes « j'ai beaucoup de livres à la maison ».

Ainsi, chez les adultes, le destin qui est souvent invoqué en cas d'échec ou de malheur l'est rarement en cas de réussite. Quand je réussis, je suis génial, quand j'échoue, c'est le prof qui explique mal...

Tableau 3.4 - Exemples d'attributions d'un élève face à une situation de réussite en mathématiques

Globale			
Interne		**Externe**	
Stable	**Instable**	**Stable**	**Instable**
Je suis génial	J'ai beaucoup révisé	J'ai plein de livres à la maison	J'ai eu de la chance

Il est probable que la dimension globale/spécifique fonctionne de manière similaire, les attributions des échecs étant plus spécifiques et les attributions des réussites étant plus fréquemment globales. On entend rarement « j'ai réussi en maths parce que mon grand frère m'a aidé à réviser » ou « je suis juste tombé sur la partie que j'avais révisée », l'impasse « positive » en quelque sorte...

Tableau 3.5 - Exemples d'attributions d'un élève face à une situation de réussite en géographie

Spécifique			
Interne		Externe	
Stable	Instable	Stable	Instable
Je suis bon en géo	C'est la matière que j'ai le plus travaillée	Mon frère m'explique quand je ne comprends pas	Je suis tombé juste sur la partie que j'avais révisée

Certains auteurs ont noté que les attributions globales, stables et internes dans le cas d'une réussite, amènent le sujet à se sentir compétent et à garder une sensation de contrôle sur la situation. À l'inverse, les attributions externes, instables et spécifiques, en cas d'échec, empêchent de se sentir compétent mais donnent l'occasion de considérer le résultat comme seulement transitoire. La compétence perçue est en effet une composante essentielle de la motivation.

Un autre mode de compensation est de prendre le contre-pied d'un système de valeurs. Ce contre-pied explique le succès du groupe d'humoristes, « Les Nuls », dont l'audience s'étend d'une chaîne de télévision au grand écran ainsi que des collections du type « informatique pour les nuls ». On peut donc voir dans cette mode une réaction sociale des jeunes face à un système éducatif qui leur demande une charge de travail disproportionnée par rapport aux offres d'emploi correspondantes. Médiatiser les « nuls » devient une protection de l'estime de soi dans un système où la probabilité est forte d'être nul... De même, la théorie de l'attribution explique peut-être l'attirance de beaucoup pour les prédictions astrologiques. Quoi, en effet, de plus externe que les astres et quoi de plus instable puisque les prédictions changent tous les jours, et même d'un magazine à l'autre...

Chapitre 4

ESTIME DE SOI ET SENTIMENT D'EFFICACITÉ

Sommaire

1. Le besoin d'estime

Une des découvertes pionnières de William James au XIXe siècle a été de montrer l'importance de l'estime de soi. Parallèlement, Freud proposait le concept d'ego ou de narcissisme, illustré dans sa formule « Sa Majesté le Moi ». Ces thèmes ont donné lieu à de nombreuses recherches expérimentales aux États-Unis. Ainsi, certains chercheurs de psychologie sociale ou de la personnalité (Murray) ont appelé « besoin d'estime » ou « estime de soi » (*self esteem*) le besoin d'avoir une bonne estime au regard des autres. Chez certains même, ce besoin est exagéré au point qu'ils sont fortement centrés sur eux-mêmes et cherchent à se grandir auprès des autres, ce qui correspond dans le vocabulaire familier à l'orgueil ou à la prétention. Bref, l'être humain éprouve le besoin de se sentir compétent, beau, fort... C'est sans doute l'expression de ce besoin qui pousse les enfants à rêver d'être des super-héros ou des princesses, et les adultes à passer en photo dans le journal ou, mieux, à la télé... Les sites Internet, Facebook et compagnie, correspondent de façon « pure » à ce besoin d'estime. Avec Facebook ou tout autre réseau social, inutile d'avoir une reconnaissance sociale, d'avoir fait une grande découverte, on se fait « passer » à la télé soi-même... plus rapide, non ?

Cette composante d'estime de soi ou plus spécifiquement de compétence dans une tâche précise a été ajoutée pour expliquer les effets complexes de la connaissance des résultats (en anglais *feedback*, littéralement « retour d'information »). En effet les bons résultats augmentent la motivation tandis que les mauvais résultats, comme on le conçoit aisément, la diminuent. Le succès « grise », « on a les chevilles qui enflent »... Bref, les bons résultats augmentent le sentiment d'estime de soi...

C'est ainsi que plusieurs théories de la motivation « tournent » autour de ce concept avec des mots variés : Murray parle d'« estime de soi », Deci et Ryan, de « compétence perçue », Nicholls reprend le terme d'« ego ». Ce concept a été élaboré de manière originale par Bandura comme un développement de sa première théorie sur l'anticipation du renforcement.

2. La théorie du sentiment d'efficacité personnelle (SEP) de Bandura

Nous avons vu précédemment, notamment avec le paradoxe du joueur, que dans la théorie de Bandura, le joueur continue à jouer car il anticipe le renforcement : il gagne dans « sa tête ».

Dans une théorie plus développée, Bandura pense que la motivation est essentiellement régie par le sentiment d'efficacité personnelle (SEP). Le besoin d'estime renvoie au regard global que l'on a de soi tandis que le sentiment d'efficacité personnelle est plus spécifique de ses compétences dans un domaine. Par exemple, tel élève peut avoir une bonne estime de lui-même car il est chouchouté par ses parents et adoré de ses copains mais se sentir moyen (voire nul) en espagnol ou en musique ; son sentiment d'efficacité personnelle est alors moyen ou nul dans ces matières. La théorie de Bandura s'exprime en quelques principes :

- Du fait de ses capacités de représentations mentales, l'individu est capable **d'anticiper des satisfactions** provenant de ses réussites ou de ses échecs.
- Le ressort de la motivation serait donc de se fixer **un but par rapport à un standard personnel.**
- Cet **intervalle à combler** déclenche une motivation et le *feedback* (= connaissance des résultats) constitue l'anticipation du renforcement (figure 4.1) : c'est le sentiment d'efficacité personnelle.

Dans une des nombreuses expériences de Bandura et de son équipe, des étudiants doivent s'entraîner à soulever des poids, sous le prétexte de mettre au point des exercices d'aérobic. Trois conditions sont planifiées : dans une première condition « but seul », les étudiants doivent soulever à chaque séance 40 % de plus qu'à leur essai précédent. Par exemple, pour un étudiant qui soulevait à son 1er essai 100 kg (= standard personnel), on lui dit qu'il doit se donner pour but d'atteindre 140 kg. Dans la deuxième condition « *feedback* seul », on informe chaque étudiant qu'il a fait tel ou tel score en kg ; en fait ce chiffre est fictif mais correspond pour tous les participants à une progression fictive de 24 % ; par exemple, si le standard d'un étudiant était 100 kg, on lui dit qu'il a soulevé 124 kg (résultat fictif). Enfin, dans le troisième groupe, « but + *feedback* », on donne le but (40 %) et le *feedback*.

Les résultats montrent (figure 4.1) que par rapport à un groupe contrôle (qui s'entraîne sans consigne), seul le groupe qui a le but et le *feedback* progresse. Et il progresse de façon fulgurante, puisque les étudiants de ce groupe augmentent leur performance initiale de 60 % (initialement ce sont des étudiants non spécialistes de ce sport).

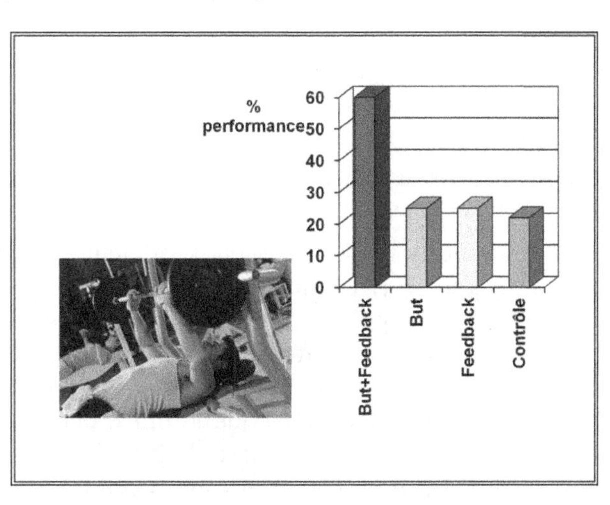

Figure 4.1 - Effet de l'addition but + feedback (d'après Bandura et Cervone, 1983)

Par sa grande simplicité, la théorie de Bandura s'applique à des domaines variés et explique l'infinie diversité des passions et des hobbies qu'on ne peut expliquer par autant de besoins. Tel enfant ou telle personne fera une activité par hasard (mode, incitation des parents, imitation). Et s'il se trouve (mentalement) satisfait (= SEP), il va se fixer des défis de plus en plus importants : par exemple l'enfant qui fait des Lego de plus en plus compliqués ; l'alpiniste qui se donne comme défi d'escalader des pics sans cesse plus élevés ; le collectionneur de timbres, d'insectes, de voitures, de motos, recherche toujours la « pièce » unique ; le constructeur de maquettes projette des constructions toujours plus élaborées, etc. D'ailleurs, cette recherche d'un but toujours plus élevé est devenue désormais une vraie institution, le livre des records...

Le SEP est supposé plus efficient si l'on donne un « but proche » plutôt qu'un « but éloigné » ; en effet, l'oubli en mémoire étant rapide, le but proche est sensé permettre une meilleure comparaison avec ses propres standards.

Ainsi, dans une expérience auprès d'enfants de huit ans, très faibles en maths, une formation complémentaire leur est donnée. Les enfants reçoivent des cahiers d'autoformation sur des soustractions qu'ils réalisent à leur vitesse pendant sept sessions, soit au total 258 problèmes.

Les élèves estiment sur des échelles leur sentiment d'efficacité. Les résultats (figure 4.2) indiquent que les élèves ayant un but proche (faire six pages du cahier dans la session) ont un plus grand sentiment d'efficacité en fin de test que ceux qui avaient un but lointain (faire les 42 pages dans la totalité des sessions). On constate également que le but proche permet une performance meilleure en nombre de problèmes résolus. Enfin, on évalue l'intérêt (ou motivation intrinsèque) lors d'une nouvelle session en demandant aux enfants de faire le choix entre un cahier des soustractions et un code (ex. faire correspondre des signes à des chiffres). Les élèves du groupe « but proche » réalisent librement 14 soustractions du cahier contre une en moyenne dans l'autre groupe. L'intérêt apparaît bien déterminé par le SEP.

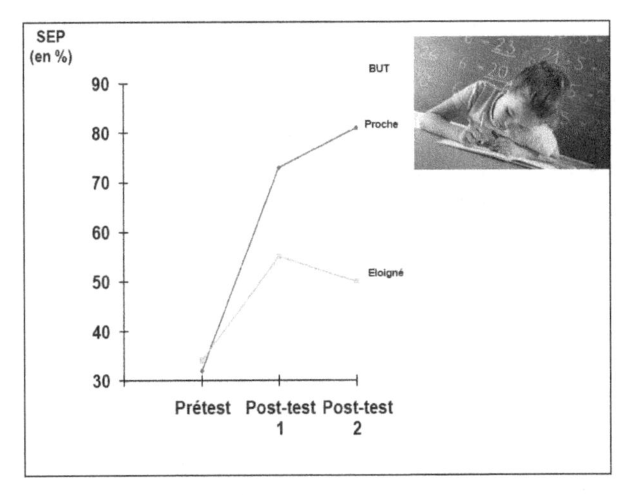

Figure 4.2 - Le sentiment d'efficacité personnelle augmente plus lorsque le but paraît proche (d'après Bandura et Schunck, 1981)

3. Un but précis pour motiver !

Le but peut également être envisagé comme un score à atteindre, un défi personnel (au niveau individuel donc sans compétition sociale). Dans cette optique, Edwin Locke (1967), qui travaillait à l'université du Maryland et aussi dans une école de commerce et de gestion, avait observé que les étudiants obtenant les meilleurs scores à une épreuve s'étaient également donné un but élevé avant l'épreuve. Locke a donc fait l'hypothèse que le niveau de l'effort sur une tâche était largement tributaire du but que le sujet se fixait consciemment.

Pour le démontrer, quatre groupes équivalents de sujets doivent effectuer une succession de plusieurs petites additions. Soit il y a ou non connaissance des résultats, soit un but difficile ou vague est fixé. Un but vague est induit par la consigne « faites de votre mieux » et le but difficile est présenté comme susceptible de représenter un défi personnel. Un but est défini comme difficile lorsque 10 % des sujets du groupe sans but l'ont atteint lors d'une session donnée. La tâche d'une durée d'une heure est fractionnée en sessions séparées par quelques minutes de repos, ce qui permet à l'expérimentateur d'ajuster le but au cours de chaque session : si le sujet n'a pas atteint le but, alors ce dernier est diminué pour la prochaine session ; en revanche, si le sujet atteint le but, il est légèrement augmenté pour la session suivante.

Il faut absolument remarquer que même le but difficile est un but accessible et ne correspond pas aux conditions inaccessibles (ex. 50 à 100 % de difficulté) qui créent la résignation (*cf.* chapitre 3).

Les résultats pris sur l'ensemble des sessions (figure 4.3) montrent que les sujets ayant eu un but difficile ont de meilleurs résultats que les autres puisqu'ils arrivent à résoudre environ 100 problèmes contre environ 80 dans le groupe sans but. Mais à une condition : il est nécessaire de communiquer les résultats ; l'absence de connaissance des résultats rend inopérant le but difficile. Il est intéressant de noter (car on croit bien faire en le disant) que la consigne « faites de votre mieux » est en réalité un but vague et inopérant.

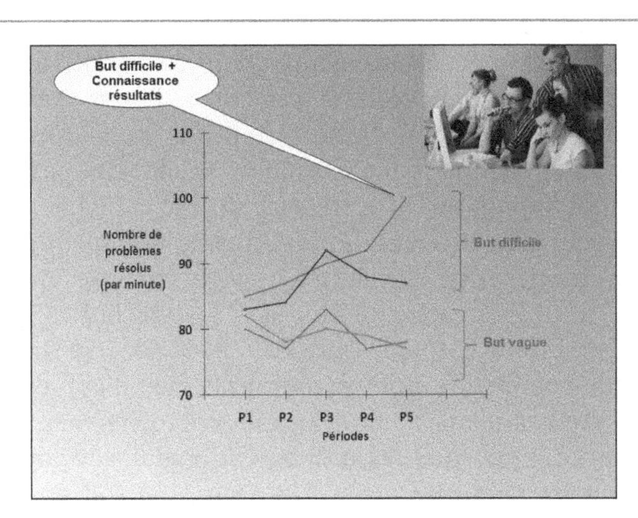

Figure 4.3 - Efficacité d'un but difficile d'autant que l'on connaît les résultats (d'après Locke, 1967)

D'autres recherches de différents auteurs indiquent la nécessité de deux conditions pour qu'un but conduise à une meilleure performance. Le premier est la difficulté du but, c'est-à-dire que les buts difficiles mènent à une meilleure performance que les buts de moyenne ou basse difficulté. Le deuxième est la spécificité du but. De nombreuses recherches ont trouvé qu'un but spécifique et compétitif amenait à de meilleurs résultats qu'un but vague tel que « faites de votre mieux ». Un exemple de but spécifique est un but quantitatif, tel que le nombre précis d'additions que le sujet doit effectuer dans un temps donné, alors qu'un but vague serait par exemple de donner le nombre approximatif d'additions à atteindre dans une expérience qui comporte plusieurs sessions. C'est du reste ce que font souvent les enseignants, la pratique courante étant plutôt un but spécifique, « vous ferez les exercices n° x ou y » que vague « vous ferez quelques exercices »...

Pourquoi donc le but doit-il être si précis ? Le but est d'abord vu comme un mécanisme ayant un impact motivationnel. Ici la motivation explique la direction, l'intensité (effort) et la durée (persistance) d'une action. Les buts vont diriger l'attention et l'action, par exemple les sujets vont passer plus de temps à apprendre un texte avec un but difficile. De plus, et c'est peut-être en réalité le mécanisme le plus important, le but va influer sur le développement de stratégies qui, elles-mêmes, vont permettre d'atteindre le but fixé. Certaines expériences montrent que les sujets avec un but spécifique sont plus enclins à employer des stratégies d'apprentissage que ceux n'ayant pas de but. En fait, les recherches sont en accord avec le fait que les individus doivent développer ou identifier des stratégies avant que le but ne soit en mesure d'augmenter leurs performances (voir chapitre 9). Ceci suppose par exemple que l'expérimentateur leur donne des consignes stratégiques, et suffisamment d'entraînement avant la session expérimentale. Cette élaboration d'une stratégie explique que ni la connaissance des résultats seule ni le but seul ne sont suffisants pour augmenter les résultats. En revanche, le but et la connaissance des résultats (*feedback*) ensemble apparaissent suffisants pour augmenter la performance, ce qui correspond bien à la théorie de Bandura.

Dans ce type d'étude, le temps d'apprentissage n'est pas limité, c'est pourquoi les auteurs observent que les sujets ayant un but spécifique sont ceux qui passent le plus de temps à apprendre le texte. Cependant, même en fixant un temps, le but spécifique difficile améliore les performances (figure 4.4).

Les recherches qui ont lié la mémoire et la théorie des buts ont porté généralement sur l'apprentissage de textes. Les expérimentateurs font apprendre un texte avec différents objectifs, assez général comme apprendre une partie d'un texte, spécifique comme apprendre un concept inclus dans la partie du texte, ou pas d'objectif du tout. Les résultats montrent que l'objectif spécifique produit un meilleur apprentissage du texte qu'un objectif général. Cependant, on constate également que plus il y a d'objectifs, et plus il y a une baisse de la performance. Donc l'avantage en termes de performance des objectifs spécifiques est valable jusqu'à un certain seuil de surcharge : passé ce seuil, les individus deviennent moins performants. C'est pourquoi dans l'expérience de Bandura et de Cervone sur le programme de musculation, le but était « modéré » (40 %). Fixer un but s'avère finalement une tâche délicate à mettre en œuvre sur le plan pédagogique, l'enseignant se trouvant un peu en équilibre sur le fil de la difficulté...

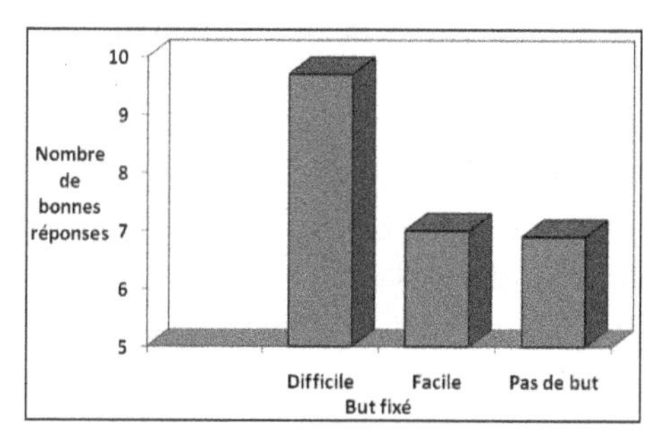

Figure 4.4 - Effet du but fixé sur le rappel d'un texte (d'après Laporte et Nath, 1976)

4. Le sentiment d'efficacité personnelle

Un développement et une application de la conception de Bandura sont les questionnaires du sentiment d'efficacité personnelle ou SEP. Le sentiment d'efficacité personnelle explique l'engagement dans l'action par le renforcement interne du sentiment d'efficacité. Un questionnaire développé par Bandura (1990, 1993), l'échelle d'efficacité scolaire perçue, montre chez des élèves de 10 à 15 ans que leurs croyances relatives à leur capacité à réguler leur propre apprentissage et à maîtriser différents domaines scolaires affectent leur niveau de motivation et de réussite scolaire. De plus, leur sentiment d'efficacité relatif à la capacité de créer et de maintenir des relations sociales et de résister à la pression des pairs exercée pour s'engager dans des activités transgressives, affecte leur conduite prosociale et réduit leur implication dans des activités antisociales et la prise de drogue.

Ce questionnaire, adapté en français, a été présenté dans le cadre d'une évaluation du ministère de l'Éducation nationale (DEPP) auprès de 31 120 élèves de 6e de collège (11,6 ans). Des items représentatifs étaient par exemple : « Vous sentez-vous capable de vous concentrer sur le travail scolaire ? » pour le SEP scolaire ; « Vous sentez-vous capable de vous faire des copains ? » pour le SEP social ; et enfin « Vous sentez-vous capable de résister à l'influence de vos camarades qui vous pousseraient à fumer des cigarettes ? » pour le SEP d'autorégulation. Le questionnaire était présenté sous la forme d'une échelle de Lickert.

L'échelle de Lickert (*Lickert Scale*) est universellement utilisée dans les questionnaires de motivation et de personnalité, et en psychologie sociale. Elle a été inventée par le psychologue Rensis Lickert (1903-1981), qui s'intéressait particulièrement aux styles de management. Le caractère général de l'échelle tient au fait qu'elle permet de transformer des questions « qualitatives » en données numériques (quantitatives) faciles à traiter en statistiques. En général, il y a une graduation en cinq échelons, quantitativement codés de 1 à 5 comme dans l'exemple suivant.

Tableau 4.1 - Les résultats des tests scolaires sont corrélés au sentiment d'efficacité personnelle (SEP), notamment le SEP scolaire et le SEP d'autorégulation (d'après Blanchard, Lieury, Le Cam et Rocher, 2012)

Pour chaque question, cochez la case qui correspond à ce que vous pensez.

1. Vous sentez-vous capable de réussir en mathématiques ?

1-❑ très peu/ pas du tout
2-❑ peu
3-❑ assez/moyennement
4-❑ bien
5-❑ très bien/toujours (ou presque)
*

2. Vous sentez-vous capable de réussir en géographie ?

1-❑ très peu/ pas du tout
2-❑ peu
3-❑ assez/moyennement
4-❑ bien
5-❑ très bien/toujours (ou presque)
*

	SEP scolaire	**SEP social**	**SEP d'autorégulation**
Textes lacunaires	**0.37**	0.22	**0.44**
Maths	**0.34**	0.23	**0.42**
Lecture/ compréhension	**0.35**	0.24	**0.40**
Mémoire encyclopédique	**0.34**	0.25	**0.44**
RCC raisonnement cartes	0.24	0.16	0.30

Remarque : pour faciliter la lecture, les corrélations supérieures à 0.30 sont en gras.

Différents tests cognitifs de cette évaluation, lecture/compréhension, mémoire des connaissances scolaires (mémoire encyclopédique), raisonnement, sont corrélés avec le sentiment d'efficacité. Les résultats (tableau 4.1) montrent des corrélations plus élevées avec le sentiment d'efficacité relatif à l'autorégulation et avec le sentiment d'efficacité scolaire ; en revanche, le sentiment d'efficacité relatif au domaine social est peu corrélé (les corrélations en dessous de .25 sont considérées comme faibles). Le sentiment d'efficacité des élèves est donc un bon prédicteur de leur réussite.

Chapitre 5

LE BESOIN D'AUTONOMIE ET LA THÉORIE DE L'ÉVALUATION COGNITIVE

Sommaire

1. Le besoin d'autonomie : « moteur » de la motivation

Edward Deci de l'université de Rochester (1971) avait montré que dans une tâche de puzzle (*cf.* chapitre 2), les joueurs à qui on ne promettait pas de récompense jouaient plus longtemps dans une phase de libre choix. À l'inverse, les joueurs renforcés jouaient moins dans une phase de libre choix : ils ne jouaient plus pour l'intérêt du jeu (motivation intrinsèque) mais pour l'obtention d'une récompense (motivation extrinsèque).

D'autres expériences ont confirmé ce résultat en montrant que non seulement un renforcement (argent, récompense) baissait la motivation intrinsèque mais que des formes variées ou de contrainte ou de contrôle (surveillance, temps limite, compétition ; *cf.* chapitre 2) diminuaient aussi la motivation intrinsèque. Edward Deci et Richard Ryan en ont déduit que l'homme avait un besoin de se sentir autodéterminé (= indépendance, liberté) et que ce besoin était une composante non seulement de la motivation intrinsèque mais de toutes les motivations. En revanche, la résignation apprise qu'ils dénomment « amotivation » correspond à une absence d'autonomie, et peut-être à l'inverse à une contrainte. Pour eux, l'amotivation est l'absence d'intention d'agir mais ce concept ressemble à celui de résignation.

La dernière version de leur théorie, appelée théorie de l'autodétermination (*Self-Determination Theory* ou SDT ; Ryan et Deci, 2001), est très élaborée et reprend différentes formes de motivation extrinsèque qu'ils avaient distinguées ; en outre, ils pensent que le sentiment d'autonomie est modulé par deux autres besoins, le besoin de compétence perçue (qui ressemble au sentiment d'efficacité personnelle de Bandura) et le besoin d'appartenance sociale (*relatedness*), ou plus brièvement le besoin social. Voici une brève présentation de leur théorie (figure 5.1) :

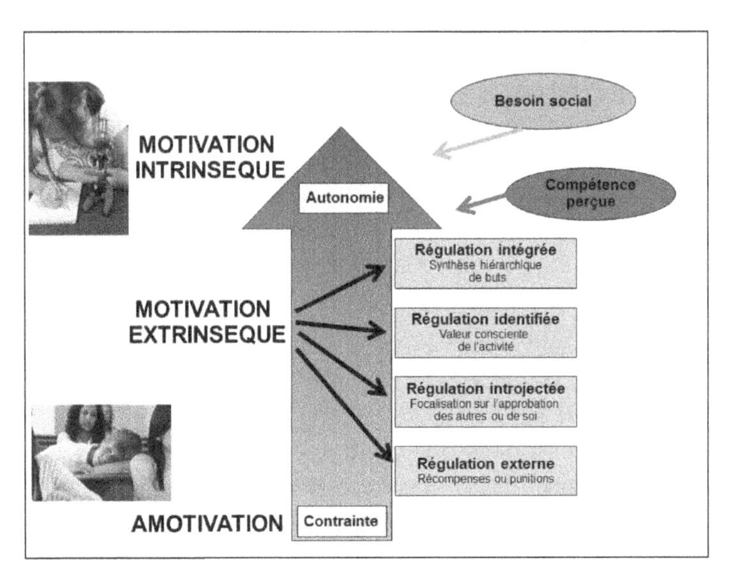

Figure 5.1 - Illustration de la théorie de l'autodétermination de Deci et Ryan

Les différentes formes de motivation sont déterminées par un *continuum* d'autodétermination (sentiment d'autonomie). Les besoins de compétence et d'appartenance sociale modulent ce sentiment d'autonomie.

Selon cette théorie, les trois types de motivations correspondent à des degrés sur un *continuum* du sentiment d'autonomie. Lorsque l'individu (ou l'élève) a choisi lui-même son activité uniquement pour le plaisir de pratiquer cette activité, il a un fort sentiment d'autonomie : c'est la motivation intrinsèque. Lorsqu'à des degrés divers, l'individu est régulé par le contexte extérieur, il est en motivation extrinsèque et enfin lorsque l'individu ne voit plus de relation entre ce qu'il fait et les résultats de son activité ou que cette activité n'a aucun sens pour lui, il est amotivé ou démotivé. Selon cette théorie, l'amotivation est en bas du *continuum* d'autodétermination.

Deci et Ryan pensent qu'il existe quatre formes de motivation extrinsèque selon le *continuum* d'autonomie. Lorsque l'individu est régulé par les renforcements extérieurs (l'élève va à l'école par pure obligation légale), c'est la régulation externe ; lorsque l'individu ou l'élève se contrôle par des règles internes de la société (je fais, sinon j'aurai honte de moi ; je travaille à l'école pour que mes parents soient fiers), c'est la régulation introjectée. La troisième forme est la régulation identifiée dans laquelle l'individu identifie l'activité comme ayant de la valeur pour lui (j'essaie d'avoir de bonnes notes car cela a de la valeur pour le métier que je voudrais faire plus tard). La dernière forme de motivation extrinsèque ou régulation intégrée est totalement autodéterminée et se retrouve quand l'individu réalise une activité peu intéressante qui fait partie de ses valeurs profondes, comme par exemple le tri sélectif chez les écologistes.

Selon Deci et Ryan, le besoin d'autonomie n'est pas le seul à déterminer les motivations, et les besoins de compétence et d'appartenance sociale (*relatedness*) ont aussi un rôle de « catalyseurs » pour permettre une augmentation du sentiment d'autonomie. Pour eux, contrairement à Bandura, la compétence perçue ne peut produire les motivations seules sans l'autonomie. Le besoin social, quant à lui, permet, grâce à la vie en groupe (famille, école, copains), de créer des valeurs influençant le type de motivations.

2. Motivation intrinsèque, persistance et coopération

La motivation extrinsèque peut être très puissante : les élèves peuvent bien travailler à l'école pour obtenir de bonnes notes ou pour faire plaisir à leurs parents. Les adultes peuvent réaliser des activités très complexes et précises pour gagner leur salaire ou des récompenses sociales. Mais la motivation intrinsèque se distingue de la motivation extrinsèque par une plus grande persévérance. Car l'élève ou l'adulte qui n'est motivé qu'extrinsèquement s'arrêtera de réaliser l'activité s'il n'a plus le renforcement ou s'il n'a plus la récompense (ou salaire) habituelle (voir effet Crespi ; premier chapitre). À l'inverse, dans la motivation intrinsèque, ce qui est recherché est le plaisir même que permet cette activité ; elle engendre donc la persévérance.

Un bon exemple est donné dans une recherche du Canadien Robert Vallerand et son équipe. Des enfants (10-12 ans) ont pour tâche de se tenir en équilibre sur une planche pivotant autour d'un axe. Deux conditions sont prévues : l'une où les enfants doivent se maintenir en équilibre le plus longtemps possible avec pour but de découvrir une activité nouvelle (motivation intrinsèque) et l'autre où on les met dans une situation de compétition avec pour but de battre les autres. Lors d'une phase test d'activité libre où on observe (à leur insu) les enfants, on mesure le temps passé à nouveau à cette activité :

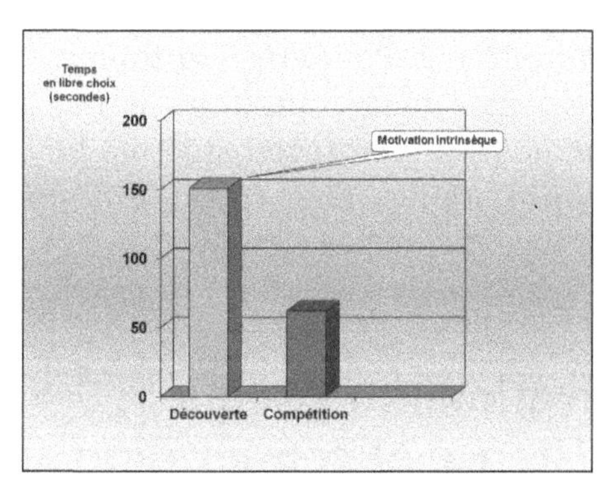

Figure 5.2 - Persistance dans la tâche (en s) en fonction des conditions de motivation
(d'après Vallerand *et al.*, 1996 ; cit. Thill, 1999)

En situation de découverte, les enfants travaillent en motivation intrinsèque, pour l'intérêt de la tâche : dans une situation de libre choix, ils continuent plus longtemps à jouer ; la persistance est un signe de la motivation intrinsèque : on joue pour le plaisir (figure 5.2). À l'inverse, la situation de compétition place en situation de motivation extrinsèque : on joue pour gagner ; quand la tâche « officielle » s'arrête et qu'il n'y a plus rien à gagner, les enfants s'arrêtent plus vite.

La motivation intrinsèque semble ainsi favoriser la coopération. Puisque le but est la réalisation de la tâche, il y a coopération. À l'inverse, une situation de compétition génère une motivation extrinsèque avec le renforcement de gagner une récompense, ou de gagner sur l'autre.

Robert Vallerand et ses collègues (1996) ont cette fois demandé à des étudiants placés en couples de trouver des lettres cachées dans des dessins. Dans le couple, un des étudiants est un compère qui fait exprès de perdre ou gagner.

Tableau 5.1 - Persistance dans la tâche (en secondes) selon l'issue (succès ou échec) (Vallerand *et al.*, 1996 ; cit. Thill, 1999)

	Coopération	**Compétition**
Persistance dans la tâche	333	136
Persistance selon l'issue		
Succès	204	207
Échec	245	82

Dans une phase test de libre choix après la phrase « officielle », on note le temps passé par les étudiants qui retournent librement à cette activité. Cette persistance mesure l'intensité de la motivation intrinsèque (tableau 5.1). En situation de coopération, la motivation est intrinsèque (pour le plaisir de l'activité) et dans la phase de libre choix, les étudiants passent en moyenne (quelle que soit l'issue) deux fois plus de temps que ceux qui étaient en situation de compétition (motivation extrinsèque, puisque la compétition créée une contrainte ou une perspective de renforcement : gagner).

Mais lorsque les résultats sont analysés plus finement en fonction de l'issue des essais (succès ou échecs), on constate qu'ils changent. En motivation extrinsèque (compétition), tout dépend de l'issue : s'il y a succès, les étudiants en compétition se sentent renforcés et donc continuent à jouer. À l'inverse, s'il y a échec, leur perception de compétence diminue et ils abandonnent plus vite. En motivation intrinsèque, l'étudiant ne perçoit pas l'échec comme un renforcement négatif mais de façon informative (= ce n'est pas la bonne direction) ou comme un défi de découvrir une solution plus sophistiquée.

En pédagogie comme dans d'autres activités professionnelles, valoriser la motivation intrinsèque est donc préférable pour obtenir des comportements plus persévérants (passionnés ; heures supplémentaires non rémunérées) et des attitudes coopératives.

3. Persévérance et projet éducatif

Sur le plan éducatif, il semble qu'il faille au maximum valoriser la motivation intrinsèque et l'orientation vers la tâche, et minimiser l'évaluation sociale, la compétition, etc.

Robert Vallerand de l'université du Québec a particulièrement travaillé sur ces questions avec son équipe (1993). S'appuyant sur les études de laboratoire montrant que la persévérance dans une activité dépendait de la motivation intrinsèque, plusieurs études en milieu scolaire (lycée, université) ont confirmé cette conclusion. Par exemple, sur 1 042 élèves inscrits dans un cours optionnel de français, les réponses à un questionnaire de motivation révèlent que ceux qui se sentent moins motivés intrinsèquement dès la première semaine abandonnent en cours de semestre.

De même, pour les études complètes (et non seulement un cours optionnel), une étude sur plus de 800 élèves du secondaire indique que les « décrocheurs », abandonnant leurs études, présentent la motivation intrinsèque la plus faible et inversement l'amotivation la plus élevée (figure 5.3) par rapport à ceux qui continuent aux niveaux 4 et 5 de leur scolarité. Cette baisse de la motivation semble plus fortement liée à la baisse de la compétence perçue et plus faiblement à la baisse de l'autodétermination.

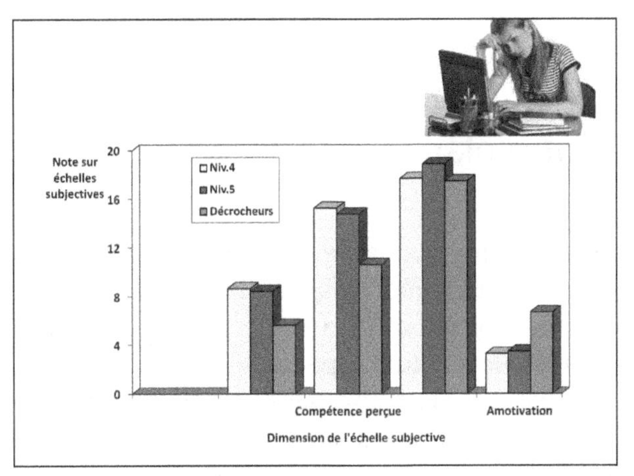

Figure 5.3 - Motivation intrinsèque et poursuite des études chez les étudiants d'université (d'après Vallerand, 1993)

À l'inverse, certains élèves décrocheurs reprennent leurs études (figure 5.4). Ces « raccrocheurs » présentaient dans leurs questionnaires de motivation des niveaux plus élevés de motivation intrinsèque, de compétence perçue et d'autodétermination.

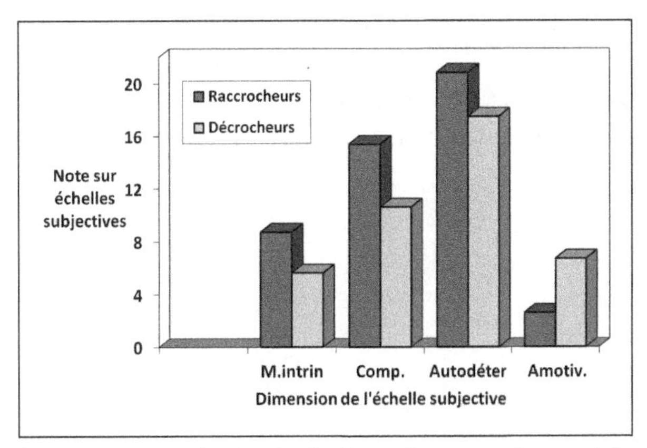

Figure 5.4 - La motivation intrinsèque des raccrocheurs et des décrocheurs chez les étudiants d'université (d'après Vallerand, 1993)

La motivation intrinsèque et ses composantes, compétence perçue et autodétermination, semblent bien déterminer la persévérance dans le projet éducatif.

4. Les styles de l'enseignant : « contrôlant » ou « informant »

Les effets différents de la réussite ou de l'échec selon le contexte ont été également étudiés dans le cadre de la théorie de l'évaluation cognitive où les récompenses et contraintes fonctionnent selon deux aspects : un aspect de contrôle, celui précisément de la récompense ou de la punition (ou de l'évaluation sociale), et un aspect informationnel qui renseigne l'individu sur son niveau de compétence. Par exemple, une bonne note agit comme une récompense mais aussi informe que l'élève est compétent ou qu'il a trouvé une solution. Ainsi a-t-il été montré que chez l'homme, contrairement à l'animal : un résultat négatif peut être utile car informatif. Ainsi, une erreur dans un problème peut rapprocher de la solution finale en éliminant des stratégies improductives. Mais on comprend que l'erreur dans ce cas ne doit pas être connotée négativement par l'enseignant et encore moins publiquement (attribution d'échec) car cette fois, elle n'aura que l'aspect de contrôle et baissera la motivation car elle apparaîtra comme un renforcement négatif.

Partant de ces deux aspects, Deci, Ryan et leurs collègues ont étudié deux grandes catégories de style d'enseignement : le « contrôlant » et l'« informant ». Sur environ 900 élèves (classes équivalentes du CM1 à la 6e), on observe des corrélations moyennes (tableau 5.2) entre le style des enseignants, la motivation intrinsèque et la compétence perçue : ceci signifie que les enseignants dont le style est plus informatif (montrer le type d'erreur, etc.) ont tendance à améliorer la motivation intrinsèque (la curiosité par exemple) et l'estime de soi de leurs élèves. À l'inverse, les enseignants plutôt contrôlants (ex. punissant les devoirs mal faits) ont tendance à causer une diminution de la motivation intrinsèque de leurs élèves et de la compétence perçue ou estime de soi. Le même phénomène s'observe à l'échelon du climat de la classe.

Tableau 5.2 - Corrélations entre le style de l'enseignant, la motivation de l'élève et le climat de la classe (889 élèves ; d'après Edward Deci, John Nezlek et Louise Sheinman, 1981)

	Style de l'enseignant[1]	
	Score de l'élève	**Climat de la classe**
Motivation (curiosité)	.44	.37
Compétence perçue	.43	.54

1. Style de l'enseignant : le style est positif s'il est informant, négatif s'il est contrôlant.

Afin de définir plus précisément les caractéristiques de ces deux styles, Deci, Ryan et une autre équipe ont simulé une situation d'enseignement avec des étudiants devant jouer le rôle de professeurs auprès d'autres élèves pour une tâche de puzzle ; cette situation de laboratoire permet d'enregistrer en vidéo le comportement du « professeur ».

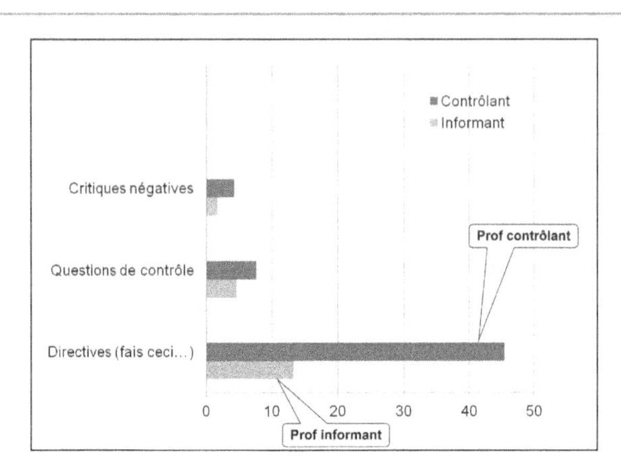

Figure 5.5 - Différences de comportement entre le professeur « contrôlant » ou « informant » (d'après Deci, Spiegel, Ryan, Koestner et Kauffman, 1982)

Le style était induit expérimentalement chez le « professeur informant » en disant « votre rôle est de faciliter l'apprentissage pour construire des puzzles », « il n'y a pas d'exigences spécifiques de performance », « votre job est simplement d'aider... ». Pour induire le style « contrôlant », on dit « votre rôle est de vous assurer que l'étudiant apprend à résoudre des puzzles », « c'est la responsabilité d'un professeur d'être sûr que les étudiants atteignent des performances normales », « si par exemple, votre étudiant est testé, il doit être capable de bien faire ». Les résultats indiquent clairement que le style contrôlant diminue l'autonomie de l'étudiant, le temps que passe le professeur à parler est deux fois plus important, avec trois fois plus de directives mais inversement il y a 5 fois moins de puzzles résolus seuls (2,06 contre 0,4). L'estime de soi de l'élève en prend également un sérieux coup puisqu'il s'entend adresser presque trois fois plus de critiques (figure 5.5). Sachant que l'expérience était entièrement fabriquée avec une affectation au hasard des styles, on voit bien ici que le style n'est pas seulement une question de caractère (autoritaire...) mais qu'il peut être généré par la pression sociale. On imagine bien quels types de classes sont les plus susceptibles de générer le style contrôlant, classes se terminant par des examens, brevet, CAP, bac, prépa...

Sans doute l'institution scolaire confond-elle trop souvent l'aspect informatif « bonne réponse » ou « mauvaise réponse » dans le contrôle des connaissances avec l'aspect évaluation sociale « bons » et « mauvais ». Se fonder sur l'aspect informatif favorise la motivation intrinsèque (intérêt, curiosité) et l'estime de soi. Cette pratique pédagogique aurait également pour intérêt de rendre les résultats de l'épreuve plus spécifiques (je peux réussir un exercice et en rater un autre) alors que l'évaluation de la personne donne une attribution généralisante (je suis bon ou je suis nul) qui peut aboutir à la résignation.

Sachant que certains enseignants pratiquent même l'acharnement évaluatif, « tu n'arriveras à rien », « votre place n'est pas ici », etc., on comprend pourquoi le fait de changer parfois un élève de classe ou d'établissement modifie complètement ses résultats ; placé nouvellement en situation d'anonymat, il n'est plus résigné. Le compteur de l'évaluation sociale est alors remis à zéro.

5. Faut-il payer les élèves pour qu'ils aillent en cours ?

Faut-il payer les élèves pour réduire l'absentéisme ? En réalité, l'initiative pédagogique est plus mesurée. L'académie de Créteil expérimentera un système[1] de récompense financière dans six classes de lycée professionnel pour une meilleure assiduité. Il ne s'agit pas de primes individuelles mais d'une cagnotte de 2 000 euros, qui peut augmenter, par exemple en fonction d'une note de vie de la classe, jusqu'à 10 000 euros à la fin de l'année. La somme pourrait aider à financer des projets collectifs, « voyages de classe, cours de code de la

1. www.lexpansion.com/economie/actualité-economique/peut-on-payer-les-eleves 02/10/2009.

route, création d'associations ou d'entreprises... ». Dans une version marseillaise, le proviseur d'un lycée professionnel achète des tickets de match de l'OM pour récompenser la classe qui affichera chaque mois le taux d'absentéisme le plus faible...

Les avis politiques ou d'acteurs de l'éducation sont mitigés, réservés pour certains, contre pour d'autres qui y voient l'entrée de l'argent dans l'Éducation nationale, en principe gratuite. D'autres ont un avis favorable, en particulier ceux (c'est mon avis) qui voient de façon positive les efforts et initiatives des responsables éducatifs et le principe d'une expérimentation. Après tout, même les académiciens reçoivent des jetons de présence !

L'expérience n'est pas nouvelle dans d'autres pays, notamment outre-Manche et aux USA, où différents cas de figures existent, de la carte à points qui permet d'avoir des places de cinéma, de match, réduction des CD et livres, jusqu'aux cagnottes de classe ou allocations aux élèves.

Dans un programme anglais (Lorraine Dearden *et al.*, 2004) appelé *EMA*, les élèves (16 ans) sont payés 30 livres par semaine, avec deux bonus de 50 livres, ce qui fait des sommes substantielles (seulement pour les élèves dont les parents ont de faibles revenus). Les effets sur la continuation des élèves dans l'année supérieure sont positifs mais faibles : augmentation de participation de 6 % par rapport à un groupe contrôle. Un résultat encourageant est que le programme est plus bénéfique pour les élèves issus d'un niveau socio-économique bas, puisqu'il y a une augmentation de 10 %, contre 3 % pour les élèves d'un niveau socio-économique élevé. Ce qui l'est moins, c'est que le programme est deux fois plus bénéfique aux garçons. Un dernier résultat montre que le programme encourage les élèves faibles car si les élèves de niveau scolaire élevé continuent naturellement l'année suivante à 87 % contre 50 % pour les élèves faibles (groupe contrôle), ceux du programme ont une augmentation de participation de 7 %, ce qui est positif.

Les avis peuvent être variés selon les points de vue, politique, économique, sociologique, du point de vue des associations de parents et des enseignants…, mais qu'en penser du point de vue des recherches sur la motivation ? Tant que la scolarité est obligatoire, le cadre institutionnel est par nature contraignant (matières obligatoires, enseignants et horaires imposés…) de sorte que le pédagogue ne peut jouer que sur la compétence perçue ou l'estime de soi et peu sur l'autodétermination. C'est sur ce « ressort » que joue en général le système scolaire, en augmentant le sentiment de compétence par des notes, des bons classements. Dans le « paiement des élèves », on récompense la participation de l'élève (présence, bonne conduite). On contribue à augmenter son estime de lui-même, mais on ne joue pas sur sa compétence perçue, c'est-à-dire sur les apprentissages, but de sa formation. Il faudrait donc, en faisant une enquête, rechercher les causes de l'absentéisme. Si par exemple, un élève est dans une filière « carrosserie » ou « vente » alors qu'il voulait être vétérinaire ou infirmier, on aura beau récompenser sa présence, sa formation est vouée à l'échec. Si tel autre élève est absent parce qu'il ne croit plus à la valeur des diplômes en constatant que sa grande sœur a un doctorat de biologie et qu'elle est sous-qualifiée ou au chômage, la récompense pour son assiduité n'aura qu'un effet superficiel et de peu de durée. Si enfin, un élève est en résignation parce qu'il se sent nul, ce sont des cours particuliers (gratuits) dont il a besoin !!!

De plus, lorsqu'on rentre dans le système des récompenses, il faut se rappeler l'effet Crespi. Chez nous les humains, l'effet Crespi est amplifié par nos capacités mentales ; on anticipe, ce qui augmente l'effet. Habituer à des récompenses excessives conduit donc à casser la motivation par impossibilité de fournir des récompenses plus fortes, comme nous l'avons vu (premier chapitre).

Enfin, c'est une bonne chose que la récompense soit collective mais il risque d'y avoir tout de même des effets entre classes ou établissements du fait d'un phénomène découvert par la psychologie sociale, la comparaison sociale

(Monteil, 1993). Comme il n'y a pas anonymat, les élèves des autres classes vont avoir un sentiment d'estime abaissé par comparaison avec les autres et un risque de jalousie ou d'agressivité risque d'apparaître. Par exemple, les gâtés se gardent bien de dévoiler leur système de prime. Si bien que dans les évaluations annoncées, il faudrait naturellement avoir une méthodologie rigoureuse et comparer avec des classes équivalentes « non récompensées » du même établissement et d'autres établissements sur différentes variables, présence, bonne conduite, mais aussi performances scolaires et échelles de motivation. Je ne serais pas étonné que le taux d'absentéisme baisse dans les classes non récompensées des mêmes établissements ou que des phénomènes de rivalité s'installent comme dans toute compétition.

6. Le modèle hiérarchique de Vallerand

Robert Vallerand, de l'université du Québec à Montréal, se situe globalement dans la perspective de Deci et Ryan, mais apporte des modifications dans son modèle hiérarchique de la motivation (HMIEM : *Hierarchical Model of Intrinsic and Extrinsic Motivation* ; Vallerand 1997, cit. Sarrazin *et al.*, 2001), très opérant pour le sport et notamment dans l'explication de la persistance ou des abandons dans le sport. Vallerand ajoute par exemple trois formes de la motivation intrinsèque, une motivation orientée vers la connaissance (découverte), orientée vers l'accomplissement (satisfaction d'atteindre des objectifs personnels) et orientée vers la recherche de sensations (excitation, nouvelles sensations...).

Les effets des motivations se voient très bien dans la compétition sportive comme le montre cette recherche de Luc Pelletier, Robert Vallerand et leurs collègues (2001) sur des nageurs au Canada. Sur 369 nageurs suivis, des questionnaires permettent d'établir comment ils ressentent leur motivation et leur *coaching*. Le *coaching* favorisant l'autonomie correspond à des items tels que « Mon coach me donne l'occasion de réaliser mes décisions personnelles » ; et à l'inverse pour le *coaching* contrôlant, « Mon coach fait pression sur moi pour obtenir ce qu'il/elle désire ».

En deux ans, près de la moitié des athlètes abandonnent la compétition. L'analyse des relations entre les formes de motivation, le *coaching* et la persistance dans la compétition (ou au contraire les abandons au cours des deux ans) montre clairement (figure 5.6) que le *coaching* favorable à l'autonomie des athlètes favorise la persistance. À l'inverse, les athlètes qui travaillent sous la contrainte ou la pression (*coaching* contrôlant) soit sont en motivation extrinsèque, soit pour une bonne partie abandonnent ou sont démotivés (amotivation), ce qui entraîne le plus d'abandons.

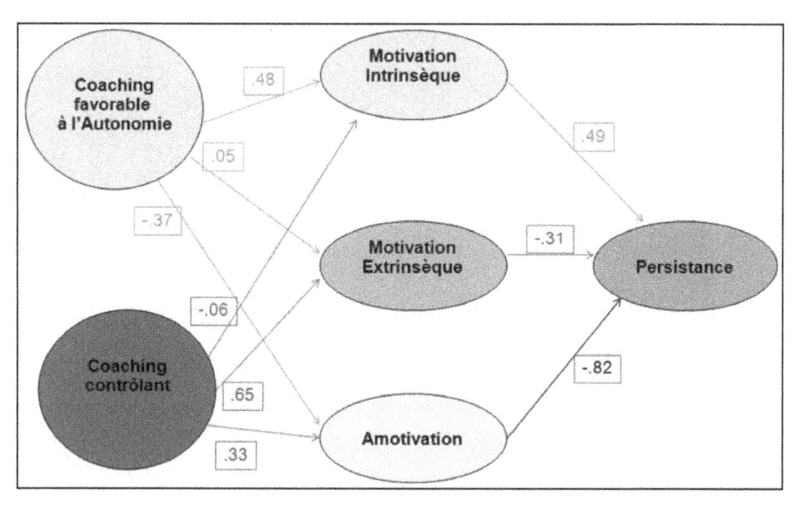

Figure 5.6 - Le coaching favorable à l'autonomie conduit à une motivation intrinsèque qui facilite la persistance après deux ans de compétition, à l'inverse du coaching contrôlant, qui conduit plus à l'abandon (relation négative)
(simplifié d'après Pelletier, Fortier, Vallerand, Brière, 2001)

Une anecdote illustre cette recherche. La fille d'un ami faisait de la natation en compétition et avait un niveau national ; elle abandonna car son entraîneur (*coach*) était typiquement « contrôlant » ; alors qu'elle s'attend à des félicitations après une victoire régionale, son entraîneur lui dit : « Oui, tu as gagné... mais tu es la meilleure des nulles ! »

COMPÉTENCE ET AUTODÉTERMINATION

Sommaire

1. Deux « ressorts » pour la motivation

Quels sont donc les « ressorts » de la motivation ? Deci et Ryan (et Vallerand) considèrent bien le rôle de la perception de compétence (ils ajoutent même un besoin de « relation sociale » dans les versions récentes de leur théorie). Mais à les lire, les différentes motivations sont sur un *continuum* d'autodétermination et la perception de compétence n'agit qu'indirectement. À l'inverse, Bandura ne considère que le sentiment d'efficacité personnelle et pense que l'autonomie n'intervient pas. Dans une précédente édition de ce livre (Lieury et Fenouillet, 2006), nous avions proposé une variante de la théorie de Deci et Ryan dans laquelle la compétence perçue agit directement sur la motivation, comme l'autodétermination, et non indirectement. En outre, cette version permet d'intégrer des éléments de la théorie de Bandura, en interprétant le sentiment d'efficacité personnelle de Bandura comme équivalent à la compétence perçue de Deci et Ryan. Dans ce modèle mixte, alliant les théories de Deci-Ryan et de Bandura, les différentes motivations sont déterminées par la résultante de deux besoins fondamentaux : le besoin de compétence (ou SEP) et le besoin d'autodétermination. Les deux besoins agissent en interaction comme deux forces physiques (figure 6.1).

La motivation intrinsèque correspond au cas où l'élève (ou l'individu) se sent très compétent et a de plus l'impression d'avoir librement choisi l'activité. Mais dès que la sensation de compétence baisse ou si la contrainte s'accroît, ou les deux à la fois, l'enfant ou l'adulte ne fait plus l'activité pour le plaisir qu'elle procure, mais pour les avantages qu'elle procure : on dit alors que la motivation est extrinsèque car elle est régulée par des agents extérieurs, appelés « renforcements ». Les renforcements peuvent être soit positifs (les récompenses, argent, prix, bons points, encouragement verbal), soit négatifs (punitions, réprimandes, etc.). La motivation extrinsèque correspond à la motivation extrinsèque originelle où l'individu est contrôlé par les renforcements extérieurs (argent, note, récompense...). Enfin, lorsque l'élève se sent incompétent et qu'il est contraint (école obligatoire), il peut glisser vers l'amotivation ou la démotivation (ou résignation apprise).

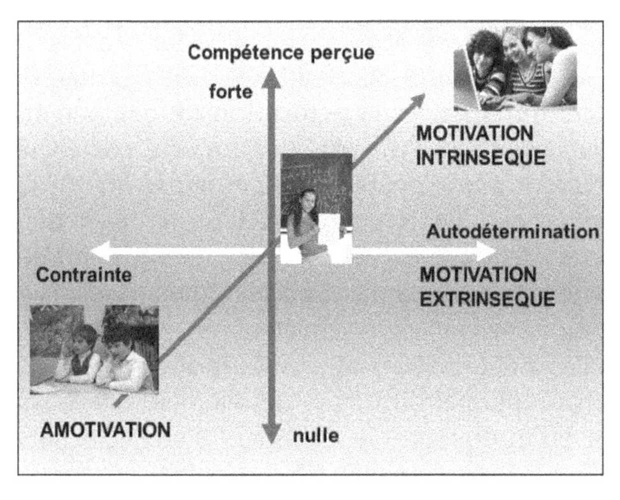

Figure 6.1 - Pour Deci et Ryan, l'autonomie est le besoin fondamental des motivations ; dans notre modèle mixte, l'autonomie ou le sentiment de compétence (ou SEP) sont en interaction

2. Sentiment d'efficacité et compétence perçue

Il arrive souvent que des chercheurs travaillant sur les mêmes thèmes élaborent des concepts ressemblants bien qu'ils aient des noms différents. Cela semble être le cas pour le concept de sentiment d'efficacité personnelle et celui de compétence perçue de Deci et Ryan. Or nous avons pu tester ces concepts à l'aide de deux tests sous forme de questionnaires, qui ont été présentés dans le cadre d'une évaluation du ministère de l'Éducation nationale (DEPP) sur un panel de 31 120 élèves de 6e de collège (11,6 ans). Le premier questionnaire a été élaboré dans le cadre de la théorie du sentiment d'efficacité personnelle (SEP) de Bandura et le test de motivation est un questionnaire élaboré d'après la théorie de l'autodétermination de Deci et Ryan. Voici des questions représentatives de ces deux tests.

Tableau 6.1 - Questions représentatives des trois composantes de l'échelle du sentiment d'efficacité personnelle (SEP) de Bandura

SEP	Items représentatifs
SEP scolaire	SEP10 : « Vous sentez-vous capable de vous concentrer sur le travail scolaire ? »
Autorégulation	SEP24 « Vous sentez-vous capable de résister à l'influence de vos camarades qui vous pousseraient à fumer des cigarettes ? »
SEP sociale	SEP32 : « Vous sentez-vous capable de vous faire des copains ? » (copines pour SEP31)

Tableau 6.2 - Formes de motivation et exemples d'items

Catégories de motivation	Items représentatifs
Motivation intrinsèque	2- Je fais mes devoirs à la maison parce que j'aime apprendre de nouvelles choses.
Motivation extrinsèque (régulation externe)	3- Je fais mes devoirs à la maison parce qu'on m'a demandé de le faire.
Amotivation	5- Honnêtement, je ne sais pas pourquoi il faut faire ses devoirs à la maison, j'ai vraiment l'impression de perdre mon temps.

Les résultats de l'enquête montrent des relations (corrélations) entre les catégories de motivation et les facteurs de SEP (tableau 6.3). Notamment si l'on identifie la compétence perçue comme étant équivalente au sentiment d'efficacité scolaire de Bandura, on trouve une corrélation élevée entre le SEP scolaire et la motivation intrinsèque, nulle avec la motivation extrinsèque (dont la compétence perçue oscille sur le schéma autour de zéro) et négative avec l'amotivation, ce qui est conforme avec l'idée que les élèves sont démotivés en grande partie parce qu'ils se sentent nuls. Ces résultats confirment l'idée de considérer les motivations non pas comme essentiellement déterminées par un *continuum* d'autodétermination (la théorie de la SDT de Deci et Ryan) mais comme résultant à la fois de l'autodétermination et de la compétence perçue ou son équivalent ici, le SEP scolaire. Le SEP d'autorégulation est légèrement corrélé dans le même sens que le SEP scolaire, mais avec moins d'amplitude.

Tableau 6.3 - Corrélations entre les facteurs de motivation et les facteurs de SEP (sentiment d'efficacité personnelle)

	SEP scolaire	Auto-régulation	SEP social
Motivation intrinsèque	0.51	0.07	0.35
Motivation extrinsèque	0.06	- 0.004	0.10
Démotivation	- 0.35	- 0.11	- 0.16

En revanche, on ne trouve pas de corrélation entre la motivation intrinsèque et le sentiment d'efficacité relatif à l'autorégulation (0.07), ce qui semble montrer que le besoin social n'intervient pas directement dans les motivations scolaires.

En conclusion, les deux concepts, sentiment d'efficacité et compétence perçue, sont bien équivalents au moins sur le terrain scolaire.

3. Quelles sont les motivations des élèves en 6e ?

Devant certaines intuitions ou à l'extrême, de titre provocateur comme pour le livre *Cessons de démotiver* les élèves (2012), il est nécessaire de mener des enquêtes rigoureuses. Voyons les résultats de l'enquête du ministère de l'Éducation sur 30 000 élèves représentatifs des élèves de 6e, citée dans le paragraphe précédent. Si l'on s'en tient aux trois principales catégories de motivation, la motivation intrinsèque, la motivation extrinsèque et la démotivation (ou amotivation), quelles sont les motivations des élèves ? Nous avons choisi de considérer que les élèves avaient une réponse nette à partir de la réponse « plutôt vrai » (réponses 3) ; nous avons donc moyenné les réponses 3 et plus (de « plutôt vrai » à « tout à fait vrai »). Dans ces conditions, les élèves se répartissent alors de la façon suivante :

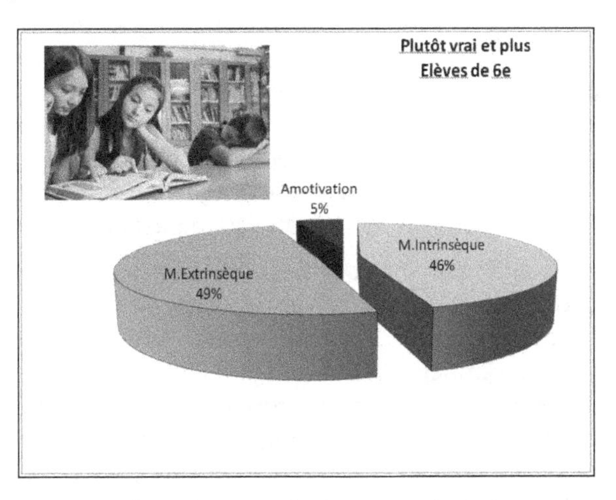

Figure 6.2 - Les élèves français de 6e sont majoritairement motivés : répartition de 30 000 élèves en 2008, en fonction de leurs réponses « vraies » (de « plutôt vrai » à « tout à fait vrai »)

Cette répartition (figure 6.2) montre que la majorité des élèves se sentent bien motivés en 6e, dans la France de ce début de XXIe siècle : près de la moitié (46 %) se déclarent en motivation intrinsèque tandis que l'autre moitié (49 %) se déclarent en motivation extrinsèque. Bref, contrairement au titre *Cessons de démotiver les élèves*, la réalité est tout le contraire, vraiment très peu d'élèves (5 %) sont démotivés !

4. Plus j'apprends et plus je m'ennuie !!!

Mais tout n'est pas rose dans toutes les classes ! Comme l'ont montré Deci, Ryan et d'autres auteurs (chapitre 2), le manque d'autodétermination et surtout la contrainte dégradent la motivation. Ce phénomène se retrouve au cours de l'apprentissage, comme nous l'avons observé au cours d'une recherche-action dans un centre de formation pour apprentis.

> Avec les enseignants, nous avions mis en place un apprentissage en plusieurs essais pour apprendre la définition de mots clés. L'apprentissage se déroulait en 6 essais et portait sur les concepts importants d'un cours de gestion commerciale. Cette méthode avait été mise au point car l'expérience montrait, qu'après leur stage de trois semaines en entreprise, les apprentis ne se rappelaient plus du tout le cours.
>
> L'apprentissage sémantique des mots clés montrait une réelle progression au cours des 6 essais (figure 6.3). De plus cet apprentissage était résistant puisque le test de connaissance donnait encore des résultats corrects après trois semaines de stage (non montrés sur la figure). À chaque essai d'apprentissage, on demandait aux élèves d'apprécier leur motivation à l'épreuve en cochant une case parmi 5, de « ça m'intéresse beaucoup » (qui était notée 5), jusqu'à « si je pouvais, je partirais » (notée 1 point). Paradoxalement, alors que l'apprentissage (et donc la compétence) augmente au fil des essais, la motivation baisse régulièrement. Il semble donc que la tâche d'apprentissage soit vue comme contraignante,

ennuyeuse, notamment du fait de son caractère répétitif. La monotonie semble donc entraîner une baisse de la motivation intrinsèque (intérêt) vraisemblablement par une baisse du sentiment d'autodétermination.

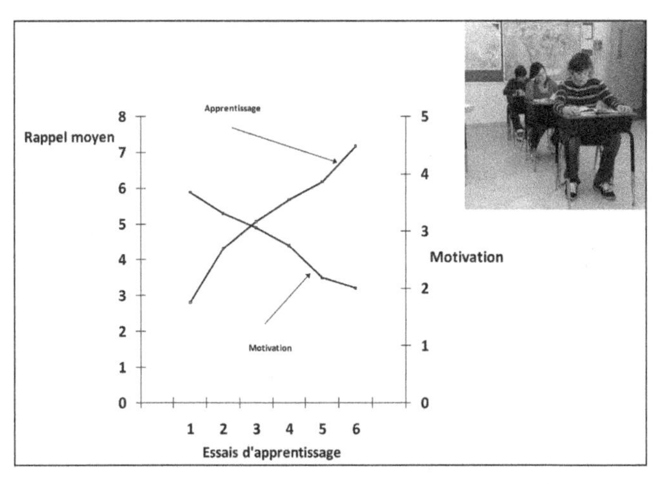

Figure 6.3 - Relation inverse entre l'apprentissage et la motivation (Alain Lieury, Bachira Tomeh, Myriam Dragée, Catherine Infray, Denis Largeau, Nadège Ovide-Arnaud et Xavier Trancart)

Remarque : la motivation maximum est de 5.

On remarque, sur ces résultats, le paradoxe de la motivation. Une faible motivation – ennui, sentiment de contrainte, etc. peut être associée à une bonne performance et inversement. Lorsque, populairement, on attribue une bonne performance à la motivation ou qu'inversement, on dit « mon enfant n'apprend pas parce qu'il n'est pas motivé », c'est de la motivation intrinsèque dont il s'agit, c'est-à-dire associée à l'intérêt, au libre arbitre, etc. En réalité, la motivation extrinsèque est également efficace mais associée à un sentiment de contrainte, notamment l'obligation d'aller à l'école ou l'obligation de participer à une expérience d'apprentissage, qui populairement n'est pas considérée comme de la motivation. Le terme de « motivation » dans l'usage courant correspond donc à la motivation intrinsèque.

5. Intérêt, ennui & cie

Que l'apprentissage et la répétition baissent le sentiment d'autodétermination explique rétrospectivement des résultats antérieurs montrant que l'intérêt (souvent synonyme de motivation intrinsèque) n'est pas lié aux performances scolaires. Rappelons que la corrélation est un coefficient statistique qui exprime le degré de relation entre deux séries de notes entre 0 et 1. On n'atteint jamais 1 et des fortes corrélations se situent entre 0,60 et 0,90. Par exemple, la corrélation entre l'histoire-géographie et la biologie est de 0,76 (on dit plutôt .76, que l'on prononce « point 76 » dans l'usage anglo-saxon), ce qui signifie que les élèves ayant une bonne note en géographie ont souvent de bonnes notes en biologie et que des élèves ayant des notes faibles en géo ont souvent de faibles notes en bio. Une corrélation nulle (.00) ou faible (en dessous de .30) reflète une absence complète de relation, ce qui signifie que des élèves forts dans une matière se distribuent au hasard dans l'autre matière, comme c'est le cas par exemple entre l'histoire et le dessin ou le sport.

Dans une impressionnante recherche de Françoise Aubret de l'Institut national d'Orientation (INETOP) sur un millier d'élèves regroupant 48 classes de 16 collèges, les corrélations ont été calculées entre des questionnaires d'intérêt littéraire, scientifique (ainsi que d'autres tests) et l'appréciation scolaire globale avec le niveau d'orientation ; ce dernier est noté 1 si l'élève est parti après la 3e et jusqu'à 5 en cas de réussite au bac.

Tableau 6.4 - Corrélations entre des questionnaires d'intérêt et le niveau d'orientation après la 3e (d'après Aubret, 1987)

	Niveau d'orientation (de 1 à 5)
Intérêt littéraire	.16
Intérêt scientifique	.13
Appréciation scolaire	.60

Alors qu'on aurait pu penser que les élèves exprimant le plus d'intérêt (soit scientifique, soit littéraire) iraient plus loin dans les études (la corrélation dans ce cas serait élevée), les résultats (tableau 6.4.) montrent une absence de relation (.13 et .16 sont des corrélations très faibles) ; seule l'appréciation scolaire est bien corrélée avec la poursuite des études. Une interprétation de ce résultat étonnant de prime abord est de supposer que l'intérêt, exprimé par des élèves, représente essentiellement la motivation intrinsèque. Or l'école étant obligatoire, le sentiment d'autodétermination des élèves est probablement extrêmement varié, des élèves que l'école intéresse à ceux qui se sentent complètement contraints et forcés. Certains élèves peuvent aimer (autodétermination) une discipline, l'enseignant, ou les études, et réussir ou ne pas réussir. À l'inverse, certains n'éprouvent pas de passion particulière pour la discipline et peuvent soit réussir, soit ne pas réussir, ce qui, au total, produit l'absence de corrélation entre les performances et l'intérêt.

Rappelez-vous lorsque vous étiez plus jeunes, vous avez voulu être pilote d'avion ou dompteur, ou maîtresse d'école, et puis on s'aperçoit qu'il faut faire des maths pour être pilote, ne pas avoir peur pour être dompteur, etc. Compétence et intérêt sont donc deux choses indépendantes...

Un résultat similaire a été trouvé dans une de nos recherches en 5e de collège lorsque nous avons voulu vérifier une affirmation de la psychanalyste Françoise Dolto, « s'ennuyer à l'école est une preuve d'intelligence » (*Le Monde de l'Éducation*, avril 1979). Des tests, de raisonnement et de mémoire encyclopédique (vocabulaire des matières scolaires, *cf.* Lieury, 2012), avaient été mis en relation avec la moyenne scolaire annuelle pour huit classes de 5e d'un collège. Pour évaluer l'ennui, l'élève devait cocher une case dans la colonne ayant une petite tête souriante ☺ (je ne m'ennuie pas) ou dans la colonne ayant une tête triste ☹ (je m'ennuie) pour huit matières testées (histoire, géographie, éducation civique, biologie, physique, maths, français, langues...).

Tableau 6.5 - Corrélations entre l'ennui et la réussite scolaire comparés au raisonnement et à la mémoire encyclopédique chez des élèves de 5e (195 élèves) (d'après Lieury *et al.*, 1992)

	Raisonnement	Mémoire encyclopédique	Moyenne annuelle (5e)
Ennui ☹	– .04	– .06	.05
Raisonnement	-	.40	.50
Mémoire encyclopédique			.72

Si le raisonnement et plus encore la mémoire encyclopédique sont bien corrélés avec les résultats scolaires, l'ennui a une corrélation nulle (le signe – n'a pas d'importance lorsque la corrélation est nulle, sinon il signifie une relation inverse : *cf.* tableau 6.5). Dans l'ensemble, les élèves (environ 200) déclarent être un peu intéressés (note de + 2 en moyenne). L'estimation subjective de l'ennui/intérêt représente donc vraisemblablement la composante contrainte/autodétermination (sentiment d'aimer « librement » la discipline). Mais cette composante apparaît largement indépendante de la performance, ou compétence.

Ainsi s'aperçoit-on (figure 6.4) que des élèves très intéressés (note de + 6) ont une moyenne scolaire de 10,9/20, c'est-à-dire aussi peu que des élèves qui s'ennuient (note – 1). D'autres élèves s'ennuyant modérément (note – 2) ont une bonne moyenne scolaire de 13/20, autant que des élèves fortement intéressés (+ 7). C'est le danger de tirer des conclusions sur quelques cas, par exemple, dans le cabinet de consultation ou sur ses propres enfants, notamment dans le cas d'une corrélation nulle. En effet, dans la corrélation nulle par définition, c'est le hasard. Si par hasard, on rencontre un bon élève qui déclare s'ennuyer, on va dire, comme la psychanalyste, « s'ennuyer à l'école est une preuve d'intelligence » ; si à l'inverse, on rencontre par hasard un bon élève qui ne s'ennuie pas, on dira « pour être bon, il faut être motivé », etc. L'arbre cache parfois la forêt tout entière...

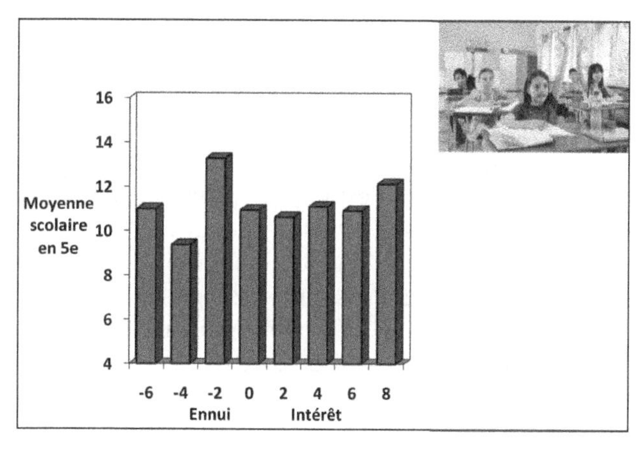

Figure 6.4 - Les élèves sont en moyenne un peu intéressés (+ 2) mais il n'y a pas de relation entre l'ennui et la réussite scolaire chez des élèves de 5e (195 élèves) (d'après Lieury *et al.*, 1992)

Remarque : l'ennui est noté de – 8 (ennui très fort) à + 8 (je ne m'ennuie pas du tout).

6. Acteur ou spectateur ?

Même si le système scolaire est contraignant globalement, on peut tout de même créer des oasis d'autodétermination. Par exemple, à l'université, l'étudiant choisit sa filière, il y a des options et, dans les années de spécialisation (licence et surtout master), un mémoire de recherche est en général choisi librement. Certes, c'est plus difficile chez les jeunes élèves mais à l'école, la motivation intrinsèque pourrait correspondre aux situations où les élèves sont plutôt « acteurs », c'est-à-dire impliqués dans une tâche, comme construire un dossier, monter une pièce de théâtre, etc. La motivation extrinsèque correspond à l'élève ordinaire, qui est un peu « spectateur » du cours.

Une comparaison de ces deux types a été faite dans le cadre d'une recherche-action avec des enseignants d'un centre de formation pour apprentis. Le thème du cours de gestion financière était les sociétés (SA, SARL, etc.). Une des phases de l'apprentissage était la description d'une société prototypique, la SARL, sous forme d'un jeu de rôle : cinq élèves, les « acteurs », lisaient le rôle d'actionnaires décidant de fonder une société. Afin d'évaluer les progrès réalisés, un test (QCM) était appliqué, soit avant la séquence d'apprentissage (prétest), soit après la séquence d'apprentissage en fin de semaine (test S), soit enfin après un stage de trois semaines en entreprise (test 3). Les résultats globaux (figure 6.5) se sont avérés très positifs, puisqu'une forte augmentation de la performance a été relevée pour ce cours considéré comme difficile : de 8 % lors du prétest à 46 % en fin de semaine (test S) avec un faible oubli puisque le score au test après les trois semaines de stage est encore de 41 %.

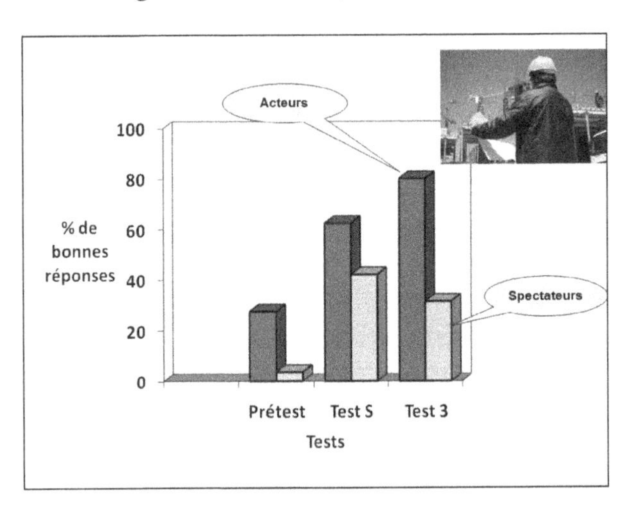

Figure 6.5 - Effet de l'implication dans un apprentissage basé sur un jeu de rôle (Lieury A., Buchart D. *et al.* ; voir Lieury et Fenouillet, 2006)

Comme on s'y attend, les acteurs se révèlent déjà meilleurs dans le prétest, ce qui indique que le volontariat dans une activité exprime la motivation intrinsèque, résultant d'une bonne compétence perçue (bons élèves) et d'un libre arbitre (volontariat). Mais le fait d'avoir été acteur a un effet très positif sur leur apprentissage puisqu'au cours du post-test après les trois semaines de stage, les acteurs ont un score de 80 % alors que les « spectateurs » n'obtiennent que 30 %. La motivation intrinsèque, c'est-à-dire ici l'implication personnelle comme acteur, permet une performance élevée et stable.

Mais attention de ne pas laisser d'élèves sur le « carreau » comme le montre cette autre expérience (avec Anne Hélié et Bernadette Fleury ; Lieury et Fleury, 1998) dans un programme impliquant les élèves dans une classe expérimentale comparée à une classe contrôle avec un enseignement plus traditionnel.

Les classes concernées sont une 4e et une 3e technologiques d'un lycée agricole et le thème choisi est celui des droits des consommateurs et des organismes qui garantissent ces droits. La motivation est développée en créant des épisodes où les élèves sont impliqués : travail par petits groupes, analyse de situation, sketches (jeu de rôle), réalisation d'affiches. Un prétest et un post-test ont été utilisés pour voir l'efficacité du programme d'apprentissage.

Les classes étant équivalentes au départ quant aux connaissances sur le thème des droits du consommateur (prétest), le programme d'apprentissage avec implication des élèves apparaît très efficace (figure 6.6) puisque les élèves de ce groupe atteignent une performance moyenne au post-test de 15,46 points alors que les élèves du groupe contrôle avec un cours plus traditionnel n'atteignent que 9,24 points.

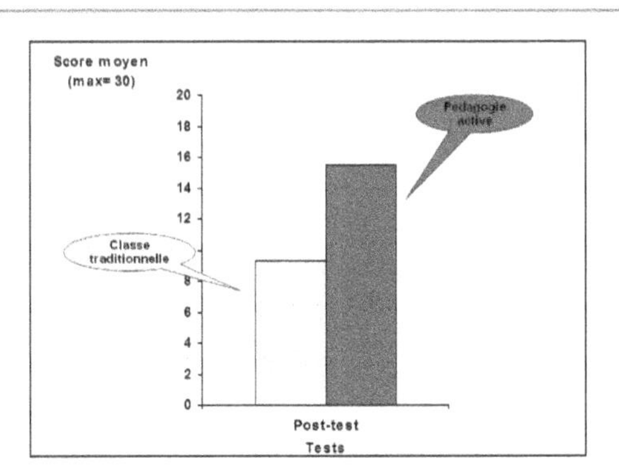

Figure 6.6 - La pédagogie active (implication des élèves) permet un meilleur apprentissage (Lieury, Hélié, Fleury)

Afin de vérifier si la motivation agit bien comme « ressort » de l'apprentissage, l'intérêt (motivation intrinsèque) et la compétence perçue ont été évalués en fin d'expérience dans les deux classes. Pour réaliser cette mesure, on utilise un questionnaire sous forme d'échelles notées de + 3 à – 3. Par exemple, si l'élève coche la case « vivement intéressé », il est crédité de 3 points, alors qu'il obtient – 3 s'il coche la case « très ennuyé ». On procède avec la même méthode pour estimer la compétence perçue par l'élève dans cette activité.

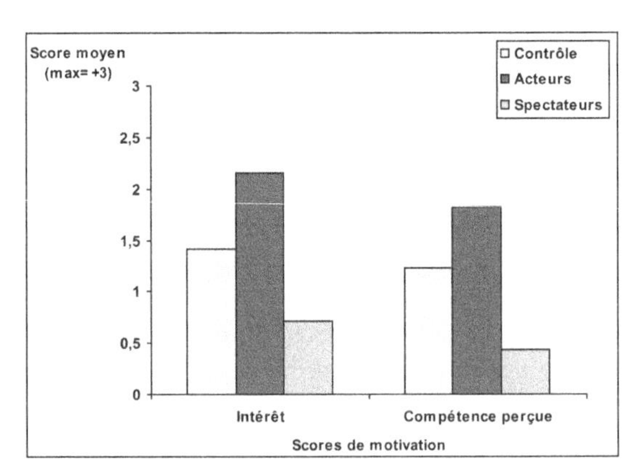

Figure 6.7 - La pédagogie active permet une meilleure motivation (intérêt et compétence perçue) mais seulement sur les acteurs ; les spectateurs sont moins motivés que dans une classe traditionnelle (Lieury, Hélié, Fleury, 1998)

La classe impliquée a été subdivisée (figure 6.7) entre les acteurs et les spectateurs du jeu de rôle. On observe que les acteurs montrent un intérêt élevé « 2,16 » (ce qui correspond dans le questionnaire à « intéressé ») alors que le score des spectateurs n'est que de 0,71 (c'est-à-dire se situant entre « un peu ennuyé » et « peu intéressé »). De même, les acteurs se sentent plus compétents à la fin du cours (1,83 ; proche de « compétent ») que les spectateurs, dont la moyenne est de 0,43 (entre « peu compétent » et « assez compétent »). Ainsi donc les acteurs de la classe impliquée sont plus motivés que les élèves de la classe traditionnelle mais à l'inverse, les spectateurs sont moins motivés que les élèves de la classe traditionnelle.

Motiver les élèves en les mobilisant dans des exercices, en leur donnant des initiatives (autodétermination), comme le choix des sketches, des affiches, etc., les motive davantage (intérêt), leur donne des sentiments positifs de compétence perçue, qui s'accompagnent d'une nette efficacité dans les apprentissages. Cependant, dans une pédagogie active et d'implication, il faut impérativement veiller à ce que tous participent car les « spectateurs » se démotivent...

Sur cette base, il est important de développer les activités susceptibles de créer une motivation intrinsèque, notamment les dossiers personnels ou collectifs, les exposés... De ce point de vue, la méthode Freinet, qui est largement basée sur l'initiative personnelle, sur des activités de groupe autodéterminées, comme la rédaction d'un journal entre écoles, etc., en est certainement un bon exemple.

7. De la résignation à la rébellion

Dans les théories précédentes, les auteurs prévoient une amotivation ou une résignation, en absence d'autonomie, voire sous contrainte. Cependant, les violences à l'école nous montrent que certains élèves ne se résignent pas mais se rebellent, tout comme dans les sociétés, à la Révolution française de Mai 68. L'idée de compléter la théorie de Deci et Ryan est venue lors de certaines observations en milieu scolaire (Lieury, Fleury *et al.* 1998). Dans une recherche-action en Centre de Formation pour Apprentis, les professeurs avaient rapporté que lors des apprentissages répétés (monotones), certains élèves se rebellaient. À la question de savoir si c'étaient les élèves les plus faibles (résignation), les professeurs unanimes ont répondu que c'étaient les meilleurs élèves. Une observation similaire avait été faite dans un lycée agricole où des écuyers chevronnés avaient été mélangés à des novices dans une même classe d'études hippiques. Les professeurs avaient raconté que c'étaient les étudiants chevronnés qui se rebellaient, trouvant que leur niveau était bien supérieur à ce qu'on leur enseignait. Ces observations ont conduit à une expérience donnant une tâche infaisable à des étudiants (Lieury, Le Magourou, Louboutin et Fenouillet, 1996). Après une tâche de résignation (apprentissage d'une liste de mots très difficiles), l'annonce d'une deuxième phase (fictive) avec un apprentissage de mille de ces mots difficiles amène un début de rébellion, aboutissant chez certains à une agressivité verbale. Les sujets ressentent une terrible contrainte. Mais, s'agissant d'étudiants de niveau universitaire, ceux-ci ne se sentent pas nuls et se rebellent ; c'est le responsable de la tâche excessive qu'ils trouvent nul (à juste titre). C'est peut-être là l'origine de certaines rébellions scolaires où certains élèves ne voient pas de relation entre un programme difficile et leur avenir incertain. À l'inverse, on peut supposer que la fuite pourrait correspondre au cas de figure où l'on se sent nul dans un contexte autodéterminé ; dans ce cas, on délaisse l'activité ou la tâche, c'est la fuite ou l'abandon, comme le jeune qui démarre la guitare ou un sport mais qui abandonne du fait des difficultés ou du manque d'aide.

Avec Sonia Lorant de l'université de Strasbourg, nous avons démarré un programme de recherche en proposant que la motivation négative ne se réduit pas à l'amotivation mais qu'il en existe d'autres formes, la rébellion et la fuite.

La plupart des expériences sur la motivation sont réalisées à l'aide de questionnaires, si bien que nous avons adapté, dans une expérience pilote, une échelle de motivation en incluant des items de rébellion et de fuite chez une centaine d'élèves de 3e de collège.

Par exemple, un item de rébellion est « Je comprends que certains élèves s'opposent aux professeurs » tandis qu'un item de fuite est « Je fais semblant d'être malade pour éviter l'école ». L'élève doit répondre dans une case parmi 5 choix (1. pas du tout vrai ; 2. un peu vrai ; 3. plutôt vrai ; 4. vrai ; 5. tout à fait vrai) comme dans les enquêtes d'opinion (échelle de Lickert). Or il s'avère que les différentes motivations qui animent les élèves ont de fortes implications sur leurs résultats scolaires. Pour les motivations positives, motivation intrinsèque et extrinsèque, plus les élèves sont sûrs de leur réponse (vrai) et plus leur moyenne scolaire est élevée.

Les résultats sont inverses pour les motivations négatives. La moyenne scolaire baisse nettement pour les élèves qui se déclarent plus nettement en démotivation, rébellion ou fuite (figure 6.8).

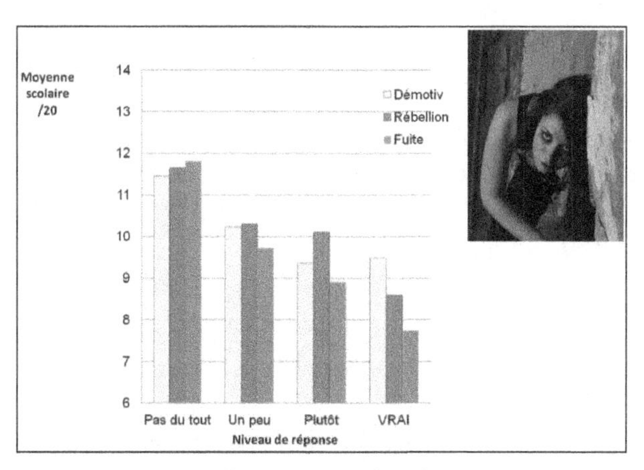

Figure 6.8 - Effet très négatif de l'amotivation, rébellion et fuite sur les performances scolaires (n = 115)

Lorsqu'on calcule les corrélations avec le sentiment de compétence des élèves et leur sentiment d'autodétermination, la rébellion apparaît bien très fortement corrélée avec un sentiment de contrainte (.70) alors que la fuite semble corrélée avec un sentiment de contrainte peu élevé (.48).

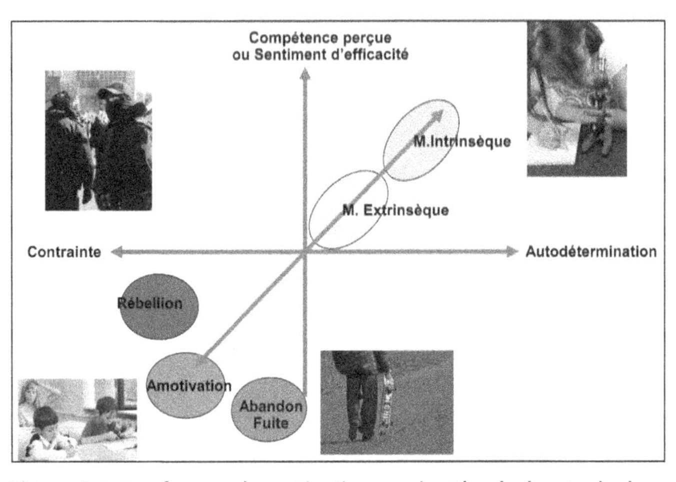

Figure 6.9 - Les formes de motivation seraient la résultante de deux besoins, l'autodétermination et la compétence perçue (ou sentiment d'efficacité) (Lieury, Fenouillet, Lorant)

Dans le cadre de notre modèle où les motivations sont déterminées par l'interaction entre les deux besoins, compétence et autonomie, la rébellion semble déclenchée par le sentiment d'une contrainte exagérée tandis que la fuite semble correspondre à un sentiment de contrainte moins élevé (figure 6.9).

Motiver par des récompenses et punitions, notes, diplômes, prix, etc., est efficace mais néglige d'autres besoins, spécifiquement humains, le besoin de se sentir libre et compétent… les valoriser aboutit à une motivation beaucoup plus persistante (intrinsèque) et évite des désagréments sociaux comme la rébellion ou la résignation…

8. Faut-il supprimer les notes ?

L'idée de supprimer les notes (toute évaluation quantitative) a pour origine l'intuition d'enlever des contraintes à l'élève et qu'il soit ainsi plus motivé. Mais les recherches montrent que selon le type d'évaluation, on peut s'attendre à différents résultats.

8.1 Théorie de Deci et Ryan

Dans la théorie de l'autodétermination de Deci et Ryan, on peut s'attendre à ce que la suppression des notes enlève de la contrainte et améliore la motivation, intrinsèque ou extrinsèque. À l'inverse, on devrait trouver une baisse des motivations négatives, la démotivation.

8.2 Théorie de Bandura

Selon cette théorie, la motivation vient du sentiment d'efficacité personnelle (SEP) ; ce SEP est renforcé par la réussite dans une activité. L'individu ou l'élève a donc besoin d'un *feedback* positif pour augmenter son sentiment d'efficacité. Si le *feedback* est négatif, sa motivation diminue. Dans cette théorie, la note informative est nécessaire au SEP ; on devrait trouver que l'absence de notes est donc négative, au moins pour le SEP.

8.3 Théories de Deci et Ryan et Lieury et Fenouillet

Dans la théorie de l'autodétermination de Deci et Ryan (et celle de Vallerand ou notre variante), les motivations sont déterminées par le besoin d'autonomie mais aussi par la compétence perçue ; on prévoit donc deux cas :

- si la note est « normative », c'est-à-dire faite dans un climat de contrainte ou de valeur (« tu es bon », « tu es nul »), la note va baisser l'autodétermination et l'absence de note devrait être positive pour les motivations ; et on prévoit un score plus élevé dans les motivations négatives, démotivation, rébellion et fuite ;
- si la note est « informative », on prévoit, comme dans la théorie de Bandura, que la note est un score utile à la motivation.

La direction d'un collège[1] et quelques professeurs avaient décidé de réaliser une expérience pilote afin de voir si l'absence de notes était favorable aux élèves. Le questionnaire de motivation et du sentiment d'efficacité personnelle de l'enquête pour la DEPP a été rempli par les élèves ; ce questionnaire a été complété par nos items de rébellion et de fuite (paragraphe précédent).

Il s'agit d'une expérience pilote avec 70 élèves de 6e, une classe avec notes et deux classes sans notes. Ces élèves sont bien motivés dans ce collège, puisque 84 % sont animés par des motivations positives, dont près de la moitié en motivation intrinsèque, ce qui est bien représentatif de la moyenne nationale comme l'a montré l'enquête de la DEPP ; toutefois, il faut noter que les items de rébellion/fuite sont nouveaux par rapport à l'enquête de la DEPP.

Les questions étaient formulées selon l'échelle suivante : 1 « pas du tout », 2, « un peu vrai », 3 « plutôt vrai », 4 « vrai » et 5 « tout à fait vrai ».

1. L'enquête s'est déroulée en 2012 au collège Louis-Guilloux à Montfort-sur-Meu en Bretagne.

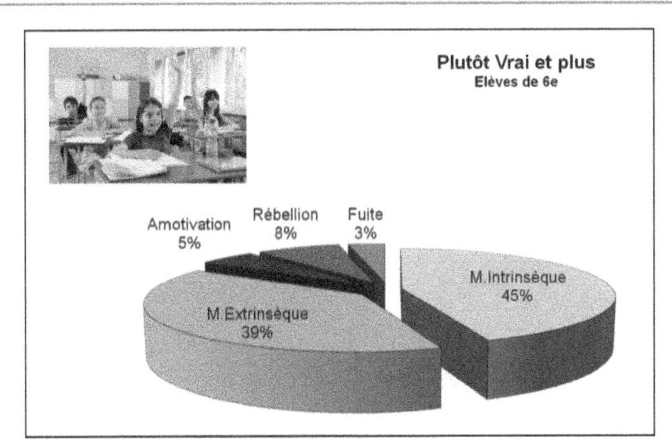

Figure 6.10 - Les élèves de 6e du collège où s'est déroulée l'expérience sont à 84 % motivés positivement

D'une façon générale les résultats sont légèrement en faveur des notes en classe : les classes « sans notes » ont des scores moins bons que la classe « avec notes ». Ainsi pour les deux motivations positives, intrinsèque et extrinsèque, les élèves de la classe traditionnelle « avec notes » ont des scores légèrement supérieurs (significatif dans un test statistique pour la motivation extrinsèque). Comme prévu par la théorie de Bandura et la nôtre, le sentiment d'efficacité personnelle (ou compétence perçue) est meilleur pour les élèves de la classe avec notes (figure 6.11).

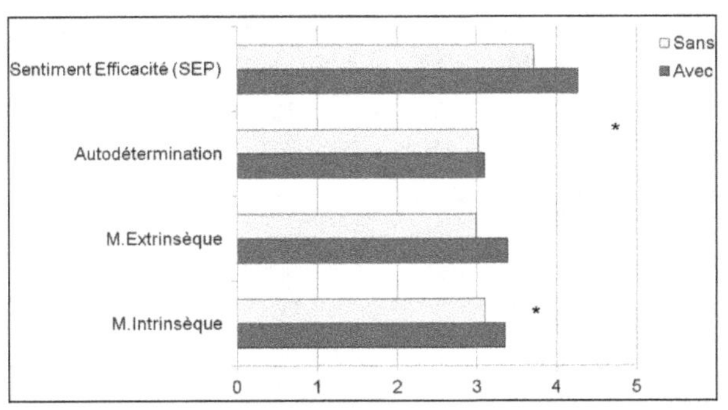

Figure 6.11 - Les notes sont plutôt favorables aux motivations positives et au sentiment d'efficacité scolaire (SEP scolaire)

Note : l'astérisque (*) indique qu'un test statistique (Anova) est significatif.

À l'opposé, les classes sans notes ont un score plus élevé dans les motivations négatives, c'est-à-dire que leurs élèves ont plus tendance à répondre aux items d'Amotivation et de Fuite de l'école.

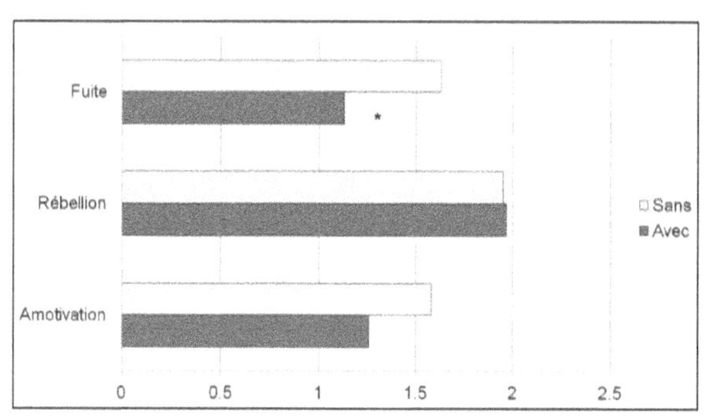

Figure 6.12 - Les notes sont plutôt favorables en abaissant l'amotivation et la fuite

Note : l'astérisque (*) indique qu'un test statistique (Anova) est significatif.

En conclusion, le climat produit par les professeurs de ce collège doit être positif dans l'ensemble et les élèves ne sentent pas les notes comme une évaluation « normative » ou contrôlante, mais pour ce qu'elles doivent être, « informatives » comme le résultat sportif ou le score dans un jeu vidéo. Dans ce contexte (informatif), les résultats montrent que les notes scolaires sont très utiles au moins à ce niveau de la 6e de collège. Mais il est possible que dans des collèges avec de nombreux élèves en difficulté, l'effet puisse être inversé ; d'autres expériences seront donc utiles. Mais sans résultats objectifs, l'intuition est mauvaise conseillère.

Chapitre 7

L'EGO OU LA TÂCHE

Sommaire

1. L'ego ou la tâche ?

Le besoin d'estime a donc donné lieu chez Bandura et d'autres auteurs à des théories performantes. Mais dans ces théories, l'estime se réduit au sentiment d'efficacité dans la tâche et ne se réfère pas à l'estime qu'a l'élève ou l'individu de lui-même en général. D'autres théories au contraire s'intéressent à l'ego comme déterminant de la motivation. Car comme on pourrait l'imaginer, la compétence perçue dépend des résultats de notre activité et de l'effort fourni. Ainsi, le plus simple serait de supposer que plus l'effort fourni est grand, plus le sentiment de compétence est élevé et donc la motivation également. Cependant les résultats sont compliqués et ne peuvent s'expliquer que s'ils sont mis en rapport avec le type d'implication de l'individu. Pour le chercheur qui a proposé initialement cette distinction, Richard de Charms (1968), l'implication par rapport à l'ego représente une situation dans laquelle un échec est ressenti comme une attaque de l'estime de soi et représente donc une motivation extrinsèque où la pression sociale a un rôle déterminant. À l'inverse, l'implication par rapport à la tâche inclut l'intérêt pour la tâche, la nouveauté et la curiosité avec une attribution interne de l'origine de la motivation (motivation intrinsèque de Deci et Ryan).

Voyons tout d'abord l'effet de la connaissance des résultats. Deci et Ryan avaient insisté pour montrer que celle-ci avait un double rôle, soit informatif, « je sais si je me trompe ou si j'ai pris la bonne solution » mais aussi contrôlant, « c'est bien ou c'est mauvais ».

Ce double rôle apparaît nettement dans une expérience où le sujet est différemment impliqué dans une activité de figures cachées. L'orientation par rapport à la tâche est induite par une simple présentation de l'activité tandis que pour induire une orientation par rapport à l'ego, on ajoute que cette activité représente un test d'intelligence créative et mesure le QI (quotient intellectuel). Chacun des groupes d'étudiants ainsi constitués est subdivisé selon le type de connaissance des résultats. Dans la condition informante, on annonce simplement que le score est au-dessus ou en dessous de la moyenne, tandis que dans la condition « contrôlante », l'information est évaluative, « c'est très bien, vous faites un bon travail » ou « c'est mauvais, vous devriez faire mieux ».

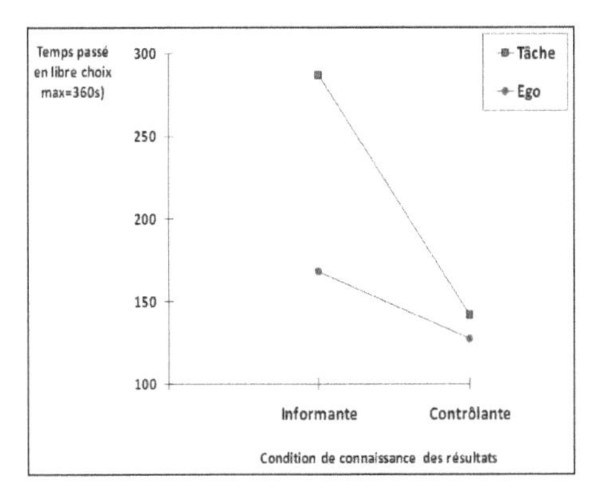

Figure 7.1 - La connaissance des résultats a des effets différents selon le type d'implication (d'après Deci, 1982)

La motivation intrinsèque est mesurée comme dans les expériences de Deci et Ryan par le temps passé à faire des puzzles dans une pièce où il y a par ailleurs des magazines récents, les sujets étant observés sans qu'ils le sachent. D'une manière générale, tout ce qui est perçu par le sujet comme une pression diminue la motivation intrinsèque (mesurée par le temps passé en libre choix). Ainsi, lorsque la connaissance des résultats est informative (figure 7.1), la motivation intrinsèque est moins forte dans l'orientation par rapport à l'ego (évaluation). Mais si la connaissance des résultats apparaît comme un contrôle, elle « casse » la motivation intrinsèque dans les deux types d'orientation.

2. L'effort, une épée à double tranchant

« Tu n'as pas de bons résultats parce que tu ne fais pas assez d'efforts !!! » Il semble évident pour la plupart d'entre nous que les résultats seront proportionnels à l'effort fourni. Selon la formule attribuée à Victor Hugo « le génie, c'est dix pour cent d'inspiration et quatre-vingt-dix pour cent de transpiration ».

Néanmoins, comme l'ont montré les travaux de John Nicholls de l'université Purdue dans l'Indiana, la sensation d'effort se modifie complètement en fonction du type d'orientation. Dans ses études sur différents niveaux scolaires, Nicholls avait remarqué une évolution de la dynamique motivationnelle. Chez les jeunes enfants, les notions d'aptitude et d'effort sont peu différenciées. Ainsi pour un enfant, les choses sont simples : « si je fournis un effort, je serai bon », « si je fais peu d'efforts, je serai mauvais ». Effort et aptitude sont ainsi confondus, non différenciés. Le jugement de l'enfant est ainsi subjectif, il se juge par rapport à lui-même et non par rapport à une norme. À l'inverse, chez les adolescents et les adultes, l'effort dans l'apprentissage n'est pas confondu avec une bonne aptitude. Par exemple, Alexandre s'aperçoit qu'il a de très bonnes notes en histoire alors qu'il a l'impression de travailler moins que les autres ; il a l'impression d'être très bon sans faire d'effort. Alexandre, différencie donc l'effort de l'aptitude. Élodie « rame » en biologie : « c'est galère », dit-elle, ou « prise de tête » ; pourtant, elle a l'impression de travailler d'arrache-pied. Elle se sent nulle malgré ses efforts : elle différencie, elle aussi, effort et aptitude. Chez les adolescents donc, l'effort est différencié de l'aptitude, vue cette fois comme une capacité. En un sens, cette perspective est plus objective car elle provient d'une comparaison avec les autres, mais plus dangereuse pour l'estime de soi.

Chez l'adulte, les perspectives dépendent des buts. Dans les situations appelées par Nicholls « d'implication par rapport à la tâche », la perspective moins différenciée est suffisante, la sensation de compétence est proportionnelle à la sensation d'effort fourni. C'est donc l'intérêt pour la tâche et l'amélioration de la compétence qui sont recherchés et non les renforcements extrinsèques. L'implication par rapport à la tâche correspond donc à la motivation intrinsèque.

En revanche, pour Nicholls, la conception différenciée est plus probable lorsque la situation implique une comparaison de soi avec les autres, c'est-à-dire une situation de comparaison sociale. Pour désigner cette situation, Nicholls reprend le terme d'« implication par rapport à l'ego ». Sachant que notre société, en particulier le système scolaire, met le plus souvent en œuvre des situations de comparaison sociale, l'implication par rapport à l'ego est donc susceptible de se produire dans les situations d'évaluation et de compétition sociale.

Seule face à sa collection de timbres ou de papillons, Véronique a passé beaucoup de temps, tout est bien classé... elle est toute contente, c'est l'implication par rapport à la tâche. En revanche, elle a passé beaucoup de temps et dépensé beaucoup d'effort à jouer du piano. Mais le jour où elle a écouté Rubinstein (implication par rapport à l'ego), alors là elle s'est trouvée si nulle qu'elle a revendu son piano !

Bien que rejoignant la théorie de l'évaluation cognitive (Deci et Ryan), la théorie de Nicholls permet en plus d'interpréter le double aspect de l'effort : l'effort est valorisant dans l'implication par rapport à la tâche (intrinsèque) mais dévalorisant dans l'implication par rapport à l'ego (extrinsèque). Un peu comme les pièces des puzzles qu'affectionnent Deci et Ryan, le concept d'effort perçu et le type d'implication s'insèrent bien dans le puzzle des paramètres de la motivation : la compétence perçue dépend elle-même de deux mécanismes, l'effort perçu et le type d'implication.

On observe bien ce changement de l'effort perçu dans une expérience où les auteurs (Jagacinski et Nicholls, 1984) simulent quatre situations avec quatre groupes d'étudiants. Dans un scénario d'implication par rapport à la tâche, le sujet doit imaginer qu'il aide un professeur dans la fabrication d'exercices de maths et qu'il en construit 8 sur 10. L'implication par rapport à l'ego est simulée par un scénario où il participe à un test d'aptitude en maths, où il réussit avec 8 sur 10. Dans les deux types d'implication, la condition « effort bas » est suggérée en faisant imaginer aux sujets qu'ils ne se sont pas impliqués et ont passé leur temps en griffonnages. La condition « effort élevé » est suggérée dans les scénarios en présentant les sujets comme très impliqués. Enfin, dans l'implication par rapport à l'ego, l'individu est décrit dans le scénario comme ayant aussi bien réussi que les autres mais avec un effort moins important.

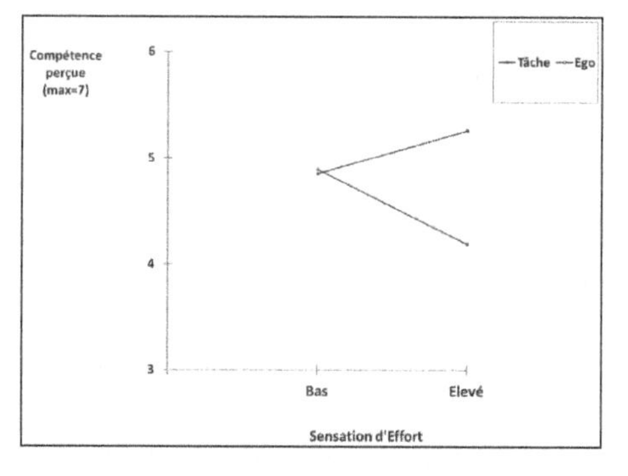

Figure 7.2 - L'effort n'amène un sentiment de compétence que dans une implication par rapport à la tâche
(d'après Carolyn Jagacinski et John Nicholls, 1984, expérience 3).

Après avoir lu plusieurs fois le scénario le concernant, l'étudiant doit indiquer sur une échelle comment il se sent : par exemple 1 = rien du tout, 4 = modérément compétent, jusqu'à 7 = extrêmement compétent. Les résultats indiquent bien le renversement de la compétence perçue en fonction de l'orientation (figure 7.2). Lorsque l'étudiant a été entraîné dans un scénario d'implication par rapport à la tâche, il se sent d'autant plus compétent qu'il a fourni des efforts. Mais à l'inverse, la compétence perçue paraît plus élevée quand l'étudiant a imaginé qu'il a réalisé la tâche en griffonnant, dans un scénario d'implication par rapport à l'ego.

« L'effort est comme une épée à double tranchant » (expression de Covington et Omelich, 1979) mais seulement lorsque l'ego est impliqué. Pour la pratique éducative, les situations impliquant l'ego, notamment la comparaison sociale et la compétition, induisent, selon Nicholls, une inégalité sur le plan de la motivation puisqu'elles dévalorisent l'effort et sont les plus susceptibles d'augmenter le nombre d'élèves ou d'étudiants se jugeant incompétents (d'autant que la tâche est difficile). Créer des situations d'implication par rapport à la tâche est donc un objectif pédagogique intéressant en ce sens qu'il valorise les efforts et l'apprentissage.

3. Anonymat et comparaison sociale

Dans les expériences sur l'effort (Nicholls), les participants doivent imaginer la situation et leurs sentiments. Au contraire, les expériences de Jean-Marc Monteil et ses collègues de l'université de Clermont-Ferrand sont réelles et se déroulent en milieu scolaire (Monteil, 1993). Par ailleurs, une nouvelle dimension sociale apparaît : l'anonymat. Les élèves, de deux niveaux scolaires (bon ou faible), suivent un cours de biologie. Dans une première condition, les élèves sont informés qu'aucun d'entre eux ne sera interrogé pendant la leçon, ce que les auteurs appellent la condition « anonymat ». Dans la deuxième condition, ils sont avertis qu'ils seront individuellement interrogés, c'est la condition « individuation ». Sachant que dans cette partie de l'expérience, les élèves ne sont pas publiquement informés sur leur niveau respectif, l'activité se déroule sans comparaison sociale personnelle (figure 7.3 à gauche), ce qui correspond pour les auteurs précédemment vus (Nicholls par exemple) à une implication par rapport à la tâche. Dans ces conditions, le contexte, anonymat ou individuation, ne joue pas et les bons élèves obtiennent à nouveau les meilleurs scores dans le test de connaissance strictement basé sur le contenu du cours. Il y a probablement indifférenciation entre effort et aptitude ; les uns et les autres faisant le maximum d'efforts, c'est le niveau antérieur qui fait la différence.

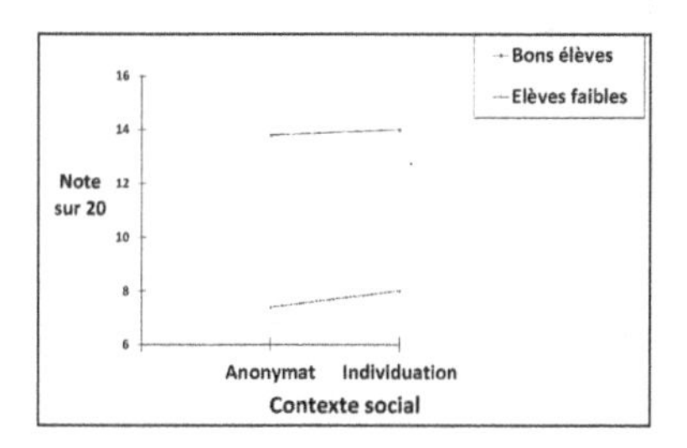

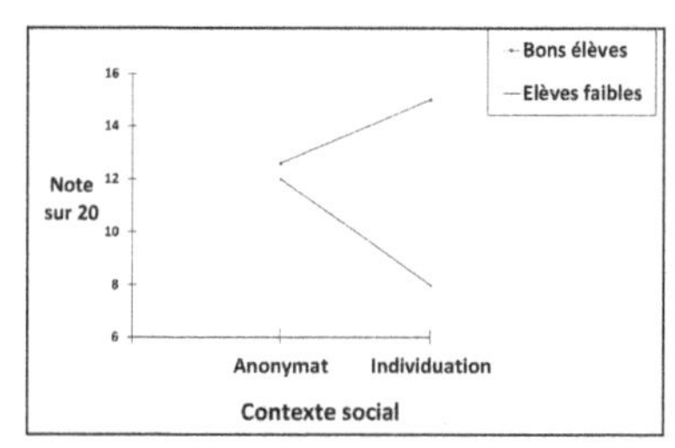

Figure 7.3 - Suppression de la différence fort/faible en fonction du contexte social (d'après Monteil, 1993)

En revanche, si un contexte de comparaison sociale est introduit (implication par rapport à l'ego pour Nicholls, etc.), les différences de statut scolaire se retrouvent dans la condition individuation mais sont abolies dans la condition anonymat. Dans cette condition, les bons le sont moins et les faibles sont supérieurs, jusqu'à se rejoindre, comme si les bons étaient moins motivés à faire des efforts puisque leur statut n'est pas en jeu.

D'autres recherches de l'auteur et ses collègues permettent d'en éclairer les mécanismes. Dans l'une d'elles, on présente une épreuve à des élèves considérés comme faibles en mathématiques. Mais en donnant de faux résultats à cette épreuve, on fait croire à la moitié d'entre eux qu'ils ont réussi (attribution de réussite) et à l'autre moitié qu'ils ont échoué (attribution d'échec). Or, en situation d'anonymat, ceux qui ont bénéficié d'une attribution de réussite réussissent mieux que les autres (attribution d'échec). Pourtant, ils étaient également faibles au départ. Mais à l'inverse, en situation d'individuation (individuellement interrogés), l'attribution de réussite fait qu'ils réussissent moins bien.

La théorie de Monteil est basée sur la mémoire autobiographique qui structure les informations concernant ses souvenirs individuels de sorte que le statut académique de bon ou mauvais élève est intégré en mémoire : Monteil l'appelle le « schéma de soi scolaire ». Dans la condition « individuation », les élèves ne se sentent donc « pas en mesure d'assumer publiquement » (Monteil, p. 68) leur nouveau statut de bons élèves comme s'ils étaient habitués à l'échec. Ceci rejoint les travaux sur la résignation acquise dont la stabilité était une dimension essentielle. Il n'y a pas résignation chez un élève s'il pense que son échec est temporaire mais seulement s'il pense qu'il est nul de façon stable. Les recherches de Monteil montrent donc une piste de remédiation pédagogique passant par l'anonymat.

Ces processus sont amplifiés par le statut « social » des matières qui comme chacun le sait sont hiérarchisées avec les mathématiques au sommet de la pyramide, bien que cette hiérarchie ne soit pas justifiée scientifiquement (voir Lieury, *Mémoire et Réussite scolaire*) puisqu'on trouve que la plupart des matières sont prédictrices de la réussite scolaire, notamment la biologie et l'histoire-géographie.

Faites croire aux gens qu'ils sont bons et ils feront des progrès. De sorte que sur ce plan comme beaucoup d'autres, un équilibre est à trouver : d'une pédagogie de la positivité à la démagogie de certaines méthodes, sectes ou gourous, il n'y a pas loin...

4. La compétition : motivation intrinsèque ou extrinsèque ?

La compétition est si inhérente aux activités sociales, notamment à l'école et dans le sport, qu'elle en acquiert un statut presque unique. La compétition a des effets variés sur la performance. D'une part, elle augmente la performance et la psychologie sociale expérimentale est même née d'une célèbre expérience de Norman Triplett comparant la vitesse sur vélo d'intérieur (1898).

Les individus placés en compétition allaient plus vite que les individus isolés. De même, dans une classe où l'on stimule les élèves dans une activité de calcul (vitesse à effectuer des additions) en faisant lever le doigt à ceux qui réussissent afin que toute la classe les voit, et en écrivant leurs noms au tableau. Au cours de la semaine (cinq jours), le groupe en compétition réussit mieux en moyenne que le groupe où les élèves travaillent individuellement (figure 7.4).

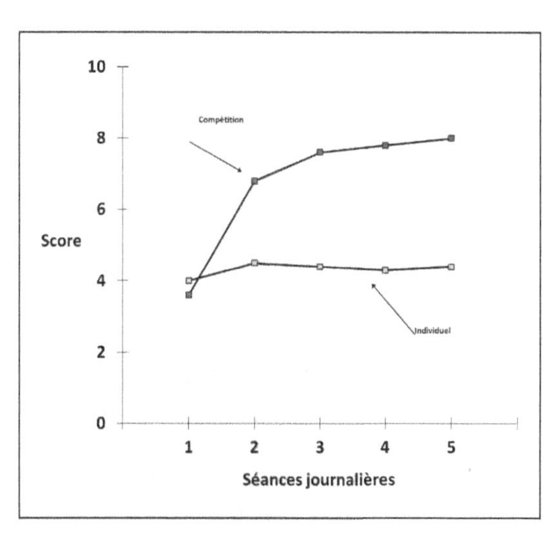

Figure 7.4 - Effet positif de la compétition sur la rapidité de calcul (Hurlock, 1927 ; d'après Munn, 1956)

À l'inverse, la compétition ou la rivalité peuvent amener des disputes, de l'agressivité et par voie de conséquence des chutes de performance. Les expressions de la vie courante ou du sport nous laissent penser que la compétition est liée à la motivation intrinsèque ; on parle de « dépassement de soi », de « victoire sur soi-même », etc. Le sport animé essentiellement par une motivation intrinsèque correspond à la célèbre définition du baron de Coubertin qui reconstitua les Jeux olympiques avec un idéal antique : « l'essentiel n'est pas de gagner mais de participer ».

Mais le sport a une autre motivation, moins idéalisée, comme l'observe plus concrètement Edward Deci. Dans la compétition, il y a une récompense, et cette récompense, c'est de gagner... D'ailleurs, connaissant les « dérapages » agressifs, soit entre joueurs dans le sport, soit entre supporters, on peut voir dans la compétition l'activation du système d'agression (la colère) sur le plan de nos mécanismes biologiques (voir premier chapitre).

Deci et ses collègues montrent que la compétition est bien extrinsèque dans une activité ludique chez des étudiants avec des puzzles. Dans une première phase, les étudiants travaillent soit individuellement, soit en compétition avec un adversaire (en fait un complice de l'expérimentateur). Dans la phase test, le sujet est dans une pièce où on le fait attendre sous le prétexte d'aller chercher un questionnaire. En fait, l'expérimentateur passe de l'autre côté du miroir sans tain et observe le sujet qui a devant lui des puzzles. L'observation pendant une période de huit minutes (figure 7.5) indique que ceux qui étaient en situation de compétition passent moins de temps en moyenne dans cette activité libre que les autres. Le temps passé dans cette activité libre étant censé mesurer la motivation intrinsèque, on constate que la compétition diminue cette motivation intrinsèque.

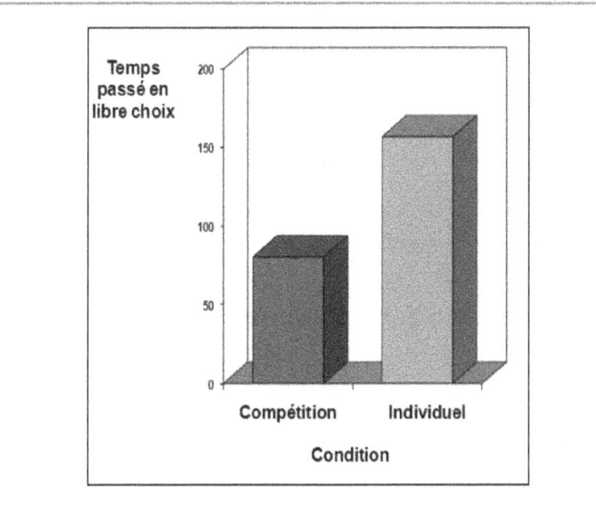

Figure 7.5 - Effet de la compétition sur la motivation intrinsèque (libre choix) (d'après Deci *et al.*, 1981)

La compétition pourrait donc être complexe, à la fois de type intrinsèque dans l'idéal de Coubertin, se dépasser soi-même, etc., mais peut-être surtout de type extrinsèque, avec les motivations de gagner des prix, ou une victoire sur les autres...

5. Estime, ego et compétition sportive

Si la compétition ne crée pas de motivation intrinsèque, elle pourrait créer une motivation par rapport à l'ego (extrinsèque). Que l'implication par rapport à l'ego soit une motivation extrinsèque peut paraître curieux car l'ego semble lié à soi-même donc à de l'intrinsèque. Mais le terme d'intrinsèque se réfère à la tâche (on accomplit la tâche pour le plaisir qu'elle nous procure). À l'inverse, les expériences précédentes (voir Monteil) montrent bien qu'il n'y a pas d'ego pour l'individu seul mais dès qu'il y a une comparaison sociale, dont la compétition semble un exemple type.

5.1 Les effets du type d'implication dans le sport

Edgar Thill et son équipe ont réalisé de nombreuses recherches dans le sport notamment dans la perspective de la distinction ego/tâche. Le sport est très approprié pour réaliser une situation de comparaison sociale spéciale, la compétition.

Dans une expérience en contexte réel d'entraînement aux tirs de penalty (tirs au but), les joueurs, jeunes de 8 ans, adultes amateurs et professionnels, sont partagés en fonction de deux consignes destinées à les mettre dans une implication différente :

– Implication par rapport à la tâche : on leur dit que l'entraînement a pour but de découvrir une nouvelle façon de s'entraîner aux tirs.

– Implication par rapport à l'ego : on demande aux joueurs de tirer dans le but de surpasser les autres.

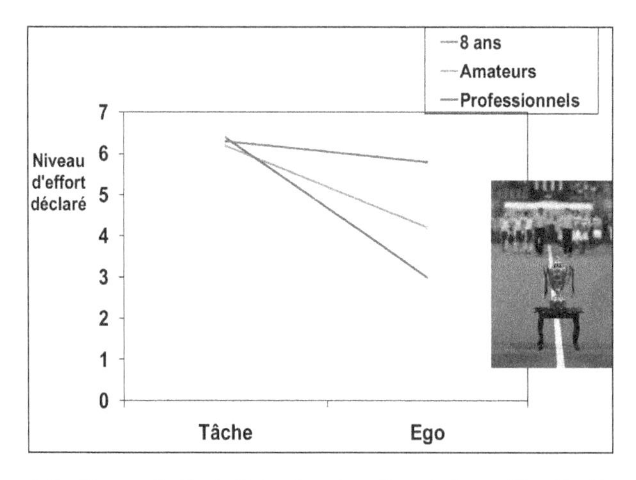

Figure 7.6 - Niveau d'effort déclaré en fonction du type d'implication chez différents joueurs de football (note maximale = 7)
(adapté d'après Brunel et Thill, 1993/1995 ; cit. Thill, 1999)

Différents indicateurs sont relevés, les joueurs doivent notamment estimer (sur une échelle en 7 points) le niveau d'effort qu'ils ont ressenti. On s'aperçoit (figure 7.6) que l'estimation de l'effort change complètement en fonction du type d'implication et du type de joueur. Dans la condition d'implication par rapport à la tâche : tous les joueurs estiment avoir donné le maximum d'effort (93 % du maximum) ; il n'y a aucune différence entre les types de joueurs. Mais tout change dans l'implication par rapport à l'ego : quand il est dit de surpasser les autres (compétition), les jeunes de 8 ans ne sont pas sensibles à l'ego et continuent à déclarer qu'ils ont fait le maximum d'efforts. En revanche, les adultes amateurs et surtout les professionnels déclarent avoir fourni peu d'efforts (la note 3 correspond à 40 % du maximum), ce qui sous-entend que la précision est due à leurs aptitudes naturelles : « je suis très doué » !

Comme le note Thill, on voit bien que les différences ne sont pas dues au degré d'expertise puisque les joueurs professionnels ont des réponses complètement différentes selon le type d'implication.

Dans une autre recherche sur 120 basketteurs (Duda *et al.*, 1991, cit. Thill, 1999), un questionnaire permet de les contraster sur la base de leur orientation vers l'ego. Les corrélations avec d'autres questionnaires (esprit sportif, légitimisation des actes agressifs) donnent les corrélations suivantes (tableau 7.1), entre le degré d'implication par rapport à l'ego et le degré des composantes des autres questionnaires :

Tableau 7.1 - Corrélations chez des basketteurs entre le type d'orientation et l'esprit sportif (d'après Duda, Olson et Templin, 1991 ; cit. Thill, 1999)

Orientation vers l'ego et esprit sportif
Esprit sportif : – .42 Esprit non sportif .84
Orientation vers l'ego et légitimisation des actes agressifs
Exclusion d'un adversaire (de la partie) : .81 Exclusion de la saison : .56 Intimidation physique : – .65 Blessure permanente : – .19

Les corrélations indiquent que plus les basketteurs ont une forte orientation vers l'ego et plus ils ont un esprit non sportif (.84) et à l'inverse moins ils ont un esprit sportif (– .42). En outre, cette centration sur soi (ego) légitimise les comportements agressifs « légaux » comme l'exclusion : l'exclusion de la partie est d'autant plus déclarée que le joueur a une motivation par rapport à l'ego (.81) ; de même pour la saison entière (.56), ce qui n'est pas rien et dénote une forte agressivité. D'autres résultats indiquent que l'agression est déclarée seulement si elle est légale et les joueurs ne déclarent pas d'agression physique (– .65).

5.2 Besoin d'estime et stratégie d'auto-handicap

Alors qu'en général, le temps d'entraînement est corrélé avec le niveau de performance (Locke et Latham, chapitre 4 ; Famose, 2001), Jean-Pierre Famose et ses collègues notent qu'« il n'est pas rare d'observer que des sportifs ou des élèves en cours d'EPS (éducation physique et sportive) préfèrent éviter de se préparer… En cas de mauvais résultat, ils pourront imputer leur échec, non pas à un manque de compétence, mais à une faible préparation. Inversement, une réussite… leur permet de paraître très compétents » (Salomon, Famose et Cury, 2005). Cette stratégie était nommée par les Américains Jones et Berglas, la stratégie d'auto-handicap.

Dans une expérience avec 79 sportifs, une tâche de précision (tracer une étoile en étant obligé de manipuler deux manettes) est donnée comme test de sélection. Les participants répondent à un questionnaire d'estime de soi et à un autre qui permet d'analyser le type de but que se fixe le sportif (ou l'élève) : a-t-il un but de maîtrise (implication par rapport à la tâche, motivation intrinsèque) ou un but d'évitement (auto-handicap) ? Ensuite, une phase d'entraînement intervient qui est de durée libre, afin de mesurer le degré d'implication réelle du sujet. Les auteurs peuvent ainsi détecter l'auto-handicap par un faible temps de préparation. Enfin, dans une troisième phase, les expérimentateurs mesurent le temps réel de la performance dans la phase de « test ».

Tableau 7.2 - Besoin d'estime et auto-handicap
(simplifié d'après Salomon, Famose et Cury, 2005)

	Estime de soi	**Temps de préparation**	**Performance**
Estime de soi	1	.32	.45
But de maîtrise	.54	.40	.43
But d'évitement	– .66	– .31	– .48
Temps de préparation	.32	1	.58
Performance	.45	.58	1

Une analyse en termes de corrélations (voir chapitre 5, § 3) indique les relations entre les mesures. Les auteurs confirment tout d'abord le résultat classique : plus le temps de préparation est grand et plus la performance est efficace (.58). L'estime de soi (ou ego) semble bien déterminer les buts que se fixe l'individu. En effet, le but de maîtrise est positivement corrélé à l'estime de soi (.54), ce qui signifie que plus l'estime est haute, plus le sujet a envie de maîtriser la tâche. À l'inverse, la corrélation entre l'estime de soi et le but d'évitement de la tâche est négative, c'est-à-dire que ce sont les individus ayant la plus faible estime qui ont le plus de déclarations d'évitement. De même, dans le sens de la théorie, ce sont ceux qui ont le plus de déclarations d'évitement qui ont un temps de préparation plus faible et par voie de conséquence une moindre performance. Ces résultats permettent aux auteurs de départager deux hypothèses principales concernant l'auto-handicap. Ce ne sont pas les individus qui ont la plus forte estime d'eux-mêmes qui vont se protéger par la stratégie d'auto-handicap mais bien ceux qui ont une faible estime, qui se protègent de nouveaux échecs, probablement pour en avoir rencontré fréquemment dans le passé.

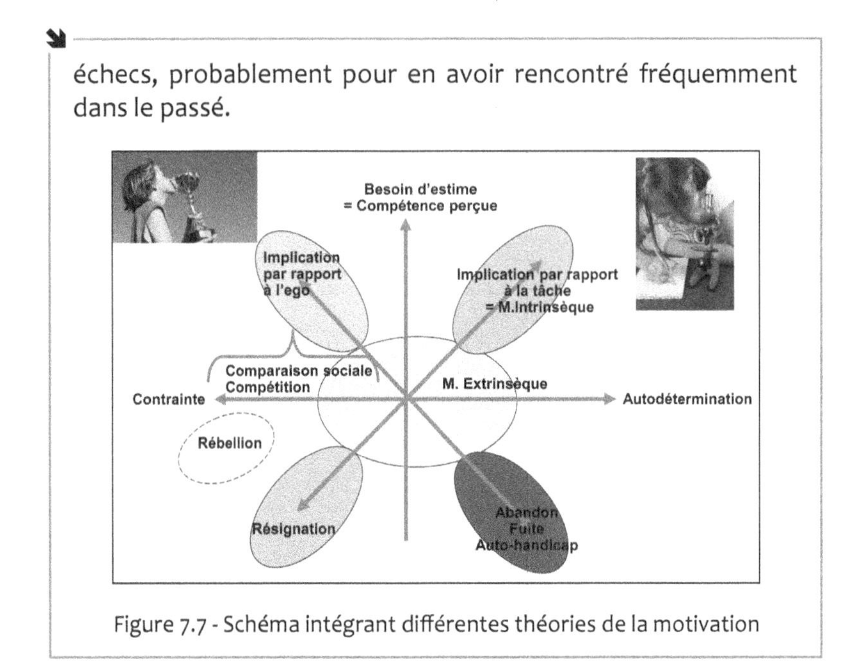

Figure 7.7 - Schéma intégrant différentes théories de la motivation

Comment s'y retrouver dans toutes ces théories ? Sachant que pour Nicholls, l'implication par rapport à l'ego se retrouve plus probablement dans les situations de comparaison sociale, nous avons pensé la représenter comme dépendant d'une dimension de contrainte dans un schéma récapitulatif (figure 7.7). L'implication par rapport à l'ego serait un cas particulier de résultante entre la comparaison sociale (= contrainte) et le besoin d'estime (ou compétence perçue ou sentiment d'efficacité). Enfin, le but d'évitement (abandon, fuite) et les stratégies d'auto-handicap correspondent à une faible estime de soi, lorsque les individus sont libres (autodétermination), notamment dans la dernière expérience où le temps d'entraînement était libre...

LES MOTIVATIONS DES JEUX

Sommaire

1. les motivations du jeu

Aussi loin que nous remontions dans l'histoire, le jeu a toujours été une forme d'activité importante, les osselets, le jeu de l'oie, les échecs et puis, valorisés par les films à grand spectacle, les jeux du cirque... Les empereurs romains pensaient que de donner du pain et des jeux suffit à la paix sociale. Et l'on connaît actuellement l'engouement pour les jeux, football, Jeux olympiques et, ces dernières années, les jeux vidéo.

Mais pourquoi jouons-nous ? Pour des raisons diverses et dans une étude exploratoire dans notre laboratoire (conduite avec Nathalie Le Gall), nous avons fait une étude factorielle (analyse statistique permettant de regrouper des éléments en catégories fondamentales) sur 50 jeux très variés ; jeux de société : baby-foot, jeu de l'oie, échecs, Trivial Pursuit, belote ; jeux vidéo : Tomb Raider, V-Rally ; jeux d'argent : loto, machine à sous ; sports : tennis, football, etc.

Un questionnaire de 80 questions était posé à 40 sujets d'âges et de catégories socioprofessionnelles très variés. Ces questions portaient sur des jeux précis (belote, football) ou des catégories de jeux (jeu de découverte, de compétition...) afin d'identifier les différentes motivations explicites. Par exemple :

- Êtes-vous attiré(e) par le football ?
- Êtes-vous attiré(e) par des jeux de grattage (Banco, Morpion...) ?
- Êtes-vous attiré(e) par des jeux où il y a de la compétition ?
- Êtes-vous attiré(e) par des jeux où la découverte est déterminante ?
- Êtes-vous attiré(e) par des jeux où seule la chance est déterminante ?

Et les sujets devaient cocher une case parmi cinq choix : pas du tout, peu, ne se prononce pas, assez, beaucoup.

Tableau 8.1 - Les motivations des jeux
(Lieury, Le Gall et Fenouillet, 1999, non publié)

Catégories de jeux	Découverte	Compétition	Argent
Question. 3 : découverte	.59		
Question. 76 : intrigue	.68		
Question. 23 : progression	.65		
Question. 61 : progression intellectuelle	.71		
Question. 40 : compétition		.79	
Question. 50 : esprit de compétition		.83	
Question. 55 : affrontement		.74	
Question. 14 : gain			.84
Question. 34 : argent			.94

Les résultats montrent de fortes corrélations (les corrélations sont considérées comme moyenne au-dessus de .30 et forte au-dessus de .50) avec seulement trois grandes catégories de motivations (tableau 8.1). La découverte correspond à la motivation intrinsèque, comme les jeux de connaissance ou de découverte : Cluedo, Tomb Raider. La compétition correspond à l'implication par rapport à l'ego : football, Trivial Pursuit. Et enfin, les jeux d'argent comme les jeux de grattages (ex. Banco), le loto, correspondent à la loi du renforcement, une motivation extrinsèque typique.

Tableau 8.2 - Exemples de jeux typiques avec leur corrélation dans la catégorie de motivation
(Lieury, Le Gall et Fenouillet, 1999, non publié)

Découverte et progression	Compétition	Argent
Cluedo .49 Tomb Raider .48 Jeux de rôles .47 Scrabble .47 Échecs .39 Monopoly .39	Foot .43 Golf .36 Escrime .34 Boules .32 Belote .27	Loto .63 Grattage .52 Machines à sous .52 Roulette .50 Poker .44 Tiercé .39

2. Le continuum d'autodétermination dans le jeu

Mais le Canadien Robert Vallerand avec son équipe est celui qui est allé le plus loin dans l'analyse des motivations des joueurs, allant du sport aux jeux de hasard et d'argent. Dans une étude sur les parieurs de chevaux, Yves Chantal, Robert Vallerand et Évelyne Vallières (1994) notent à quel point les jeux d'argent sont une activité énorme par les sommes mises en jeu (c'est le cas de le dire...). Ainsi, les jeux au Québec représentent un volume de 1,55 milliard de dollars par an, soit un investissement moyen par joueur de 203 dollars. Par exemple, les recettes du casino de Montréal se montent à 137 millions de dollars dans l'année. En 2005, les Français ont joué 36 milliards d'euros, 19 dans les casinos, 9 à la Française des Jeux et 8 au PMU.

Leur but était de construire un questionnaire permettant de mesurer les types de motivation des joueurs. Le cadre théorique de Robert Vallerand est un développement de la théorie de

Deci et Ryan (que nous n'avons pas abordé chapitre 5 dans un souci de simplicité). Pour Deci et Ryan, (1985, 1991), des degrés de motivation apparaissent selon un *continuum* d'autodétermination. Vallerand et ses collègues ont remanié ce *continuum* en fonction d'études et font apparaître trois types de motivations intrinsèques, trois motivations extrinsèques et l'amotivation (découragement). Dans une importante étude destinée à évaluer un test sous forme de questionnaire, 450 joueurs ont été interrogés dans un hippodrome.

Le premier type de motivation intrinsèque est la motivation intrinsèque à la connaissance. Elle est associée au plaisir de découvrir, d'apprendre, de sorte que pour Vallerand et son équipe, dans le cadre des paris hippiques, ce type de motivation conduit les joueurs à mieux apprendre les chevaux, les jockeys, etc. La deuxième motivation intrinsèque, à l'accomplissement, est caractérisée par le défi sur soi-même (et non dans un but de compétition), le surpassement de soi-même, par exemple pour les joueurs d'échecs ou de bridge. Le troisième type est une motivation intrinsèque à la stimulation et correspond à ce que d'autres chercheurs appellent le besoin de sensation, excitation, plaisir sensoriel, comme dans les manèges, le cinéma dynamique, les thrillers...

Vallerand et son équipe distinguent aussi trois motivations extrinsèques qui correspondent, dans la théorie du *continuum* d'autodétermination de Deci et Ryan, à des degrés croissants d'autodétermination au fur et à mesure que le sujet intériorise, comme étant les siens, donc « librement » choisis, des contraintes externes. Le plus proche de la motivation intrinsèque dans le *continuum* d'autodétermination est la régulation identifiée : l'individu (ou le joueur) agit de façon choisie et non obligée, par exemple disent les auteurs, un joueur parie pour rencontrer des amis. Il ne s'agit pas « en théorie » d'une motivation intrinsèque puisque le joueur ne joue pas, par plaisir, aux jeux mais pour un autre but, se faire des amis ; il y a détournement de l'activité. Cependant, sur le *continuum* d'autodétermination, elle est proche de la motivation intrinsèque puisque librement choisie.

Le second type de motivation extrinsèque est la régulation introjectée dans laquelle le sujet s'impose des contraintes parce qu'il pense en tirer bénéfice ; par exemple un joueur parie gros parce qu'il croit que cela va lui donner du prestige. On trouve d'ailleurs fréquemment ce type de motivation dans les couples. Telle femme va dire qu'elle aime les matches de foot ou les westerns car elle anticipe que cela fera plaisir à son mari. Et enfin le troisième type de motivation extrinsèque est la régulation externe, qui correspond à la motivation extrinsèque typique (chapitre 2) déterminée par des renforcements externes (prix, notes, amendes, etc.), notamment l'argent pour les parieurs.

Enfin, l'amotivation (résignation chez d'autres auteurs) est l'absence de liens entre ce que fait l'individu et les résultats de son activité ; ce serait notamment le cas, toujours selon les auteurs, des joueurs compulsifs qui sont dépassés par leurs émotions (tableau 8.3).

Tableau 8.3 - Les motivations des jeux de hasard et d'argent (simplifié d'après Chantal, Vallerand et Vallières, 1994)

	Exemple d'énoncé dans le questionnaire
MI à la connaissance	Pour le plaisir que je ressens à améliorer mes connaissances au jeu.
MI à l'accomplissement	Parce que, selon moi, jouer de l'argent me permet de tester mes capacités à me contrôler.
MI à la stimulation	Pour le *thrill* ou les sensations fortes que cela me procure.
Régulation identifiée	Parce que c'est la meilleure façon que je connaisse de rencontrer mes ami(e)s
Régulation introjectée	Parce que, quand je gagne, je me sens une personne importante.
Régulation externe	Pour devenir riche.
Amotivation	Je joue de l'argent, mais je me demande parfois ce que ça me donne.

Note : MI = motivation intrinsèque.

Cependant, quoique très intéressantes, ces distinctions sont peut-être trop fines pour ne pas se recouvrir entre elles ou avec d'autres concepts de différentes théories. En effet, lorsque ces chercheurs mettent en relation les catégories de motivations des joueurs et certains indicateurs indépendants, les résultats ne montrent pas de différenciation claire entre toutes les motivations. Les indicateurs étaient les suivants :

- Attributions causales internes (voir chapitre 3) : « Lorsque vous gagnez à votre jeu favori, c'est surtout dû à... » et la personne devait cocher de 1 à 7 sur une échelle allant de la chance (1) à « mes habiletés à prédire l'issue du jeu » (note 7).
- Chances estimées de gagner : « Quand je parie à mon jeu favori, mes chances de gagner sont... très mauvaises (note 1) à très bonnes (note 7). »
- Intention future de joueur : « Pendant combien de temps encore avez-vous l'intention de jouer à votre jeu favori » très peu longtemps (note 1) à très longtemps (note 7).
- Compulsion à jouer : « Je voudrais m'arrêter de jouer à mon jeu favori, mais je ne peux pas me contrôler » : pas du tout d'accord (note 1) à complètement d'accord (note 7).

Tableau 8.4 - Les motivations des jeux de hasard et d'argent (simplifié d'après Chantal, Vallerand et Vallières, 1994)

	Attribution interne	Chances de gagner	Intention de poursuivre	Compulsion
MI à la connaissance	.21	.34	.18	-
MI à l'accomplissement	.21	.32	.22	-
MI à la stimulation	.16	.22	.21	-
Régulation identifiée	.19	.21	.22	-
Régulation introjectée	-	-	-	.32

➚

↘	Attribution interne	Chances de gagner	Intention de poursuivre	Compulsion
Régulation externe	-	-	-	.26
Amotivation	-	-	-	.35

Note : les corrélations inférieures à .13 (non significatives à .01) sont omises par souci de clarté.

Toutefois, les résultats ne confirment pas la finesse des distinctions faites (tableau 8.4). Ainsi l'intention de poursuivre (persévérance), qui est souvent prise comme une caractéristique de la motivation intrinsèque, est aussi bien corrélée (aux environs de .20) pour les trois types de motivations intrinsèques mais aussi avec la régulation identifiée (qui pour les auteurs est une motivation extrinsèque) ; d'autre part une corrélation d'environ .20 est très faible. De plus, la régulation identifiée (pour rencontrer des amis) ne se distingue pas des motivations intrinsèques à la fois pour l'attribution interne (je gagne grâce à mes compétences) et les chances de gagner. Cette motivation (extrinsèque pour les auteurs) est caractérisée par un fort degré de contrôle ; au regard des résultats, elle ne nous paraît pas distinguable de la motivation intrinsèque, caractérisée par un sentiment d'autodétermination (ou contrôle).

Même difficulté pour la compulsion, jouer sans être capable de se contrôler, qui nous apparaît plus comme une motivation extrinsèque qu'une amotivation ; le joueur amotivé (résigné) jouerait par fatalisme, poussé par des amis, mais on ne comprend pas pourquoi il joue de lui-même s'il n'est pas motivé. Bref, malgré les finesses des déclarations motivationnelles, il semble bien qu'il y ait principalement deux grandes catégories de joueurs : l'attrait intrinsèque du jeu, attrait intellectuel, rompre l'ennui, rencontrer des amis (motivation intrinsèque) ; et la motivation extrinsèque : notamment gagner de l'argent ou jouer de façon compulsive, c'est-à-dire, dominé par les émotions (perte de contrôle).

3. La motivation dans les jeux vidéo

« À table, à table, à table ! » ou « As-tu fait tes devoirs ? »... C'est une observation très courante que de constater l'immersion dans laquelle les joueurs vidéo sont plongés, ils n'entendent plus, sont captés par l'écran et par leur manette. Même si cette immersion ressemble aux jeux classiques (foot, jeux de cartes...), ce comportement est manifeste dans les jeux vidéo. Nick Yee du département de Communication de l'université de Stanford (2006) s'est particulièrement intéressé aux jeux en ligne. Ces jeux ont été appelés les MMORPG (*Massive-Multiplayer Online Role-Playing Games*), nous les appellerons plus simplement les jeux en ligne. Yee a montré dans plusieurs enquêtes que les joueurs (en moyenne 26 ans) passent plus de 20 heures par semaine à jouer en ligne sur des jeux variés mais parfois impliquant des mondes virtuels comme World of Warcraft, Star Wars Galaxies. Par exemple World of Warcraft est un jeu très prisé dont il existe plusieurs versions. Voici comme Jeuxvideo.com décrit la 4e version de World of Warcraft : « Mists of Pandaria sur PC est la quatrième extension pour le MMORPG World of Warcraft. Elle propose une nouvelle race : le Pandaren, une nouvelle classe : le moine, un nouveau continent constitué de 7 zones de jeu permettant de monter jusqu'au niveau 90 : la Pandarie, ainsi que quelques nouvelles fonctionnalités comme un mode défi, un mode scénario et un système de combats de mascottes. » Ces jeux sont dotés de graphismes superbes inspirés des mangas et peuplés des êtres familiers des amateurs d'*heroïc fantasy*, gnomes, orcs, trolls, et des avatars que les joueurs convoitent (et même se rachètent au niveau international) pour avoir des pouvoirs surpuissants. D'après le site de Wikipédia, ce jeu compte 11 millions d'abonnés. De plus, les joueurs peuvent choisir leur personnage, leurs compagnons, tout comme les joueurs choisissent leur voiture et circuit dans les jeux de course automobile.

World of Warcraft : Mists of Pandaria (Jeuxvideo.com)

Dans une recherche de Nick Yee auprès de 3 000 joueurs en ligne, l'analyse factorielle d'un questionnaire de 40 questions, révèle 10 facteurs pouvant être regroupés en trois principales catégories de motivations (tableau 8.5).

Tableau 8.5 - Les motivations des jeux en ligne (d'après Yee, 2007)

Accomplissement	Social	Immersion
Progression Progrès, puissance, accumulation	**Socialisation** Discuter, aide aux autres, se faire des amis	**Découverte** Exploration, trouver des choses cachées
Mécanique Nombres, optimisation, analyse	**Relations** Personnelles, support d'aide	**Jeu de rôle** Scénario, rôle, imaginaire
Compétition Défi avec les autres, provocation, domination	**Équipe** Collaboration, groupe, performance de groupe	**Customisation** Apparence, accessoires, style, couleurs
		Évasion Relaxation, fuite du réel, évitement des problèmes du réel

Certaines de ces catégories de motivation ressemblent à des motivations que d'autres auteurs avaient développées. L'accomplissement ressemble au besoin de réussite, compétence perçue ou sentiment d'efficacité personnelle. Le besoin social correspond également au sentiment d'efficacité social de Bandura et au besoin social de Deci et Ryan. La troisième rubrique ressemble à des aspects de la motivation intrinsèque, avec ses composantes de découverte, de chasse au trésor, de jeu de rôle. L'évasion correspond elle à notre théorie rébellion/fuite. Mais une dimension nouvelle émerge, c'est l'immersion. L'immersion est-elle une caractéristique de la motivation intrinsèque ou une autre dimension ? Certains chercheurs en ont fait une théorie spécifique, la théorie du *flow*.

4. La théorie de l'immersion (*flow*)

Dans le domaine récent de la psychologie positive (Seligman et Csikszentmihalyi, 2000), un nombre grandissant de recherches s'intéressent à l'expérience optimale et à l'étude du *flow* (Csikszentmihalyi, 1975). L'expérience optimale est décrite par de nombreuses personnes comme un des meilleurs moments de leur vie au cours duquel les actions se déroulent avec une extraordinaire impression de fluidité, en ayant le sentiment d'être très à l'aise, sans avoir l'impression de devoir faire un effort pénible (Csikszentmihalyi, 1997). Un nombre grandissant de recherches s'intéressent à l'étude du *flow* en contexte éducatif. Parmi ces chercheurs, Jean Heutte et Fabien Fenouillet :

> Au cours d'une étude ethnographique longitudinale sur un campus virtuel, Heutte et Fenouillet ont constaté qu'après avoir vécu des moments de travail collectif intenses, de nombreux étudiants déclarent être très

surpris par l'efficacité du travail collaboratif. Dès qu'ils ont l'occasion de constater que le résultat du travail du groupe dépasse de beaucoup ce qui aurait été obtenu par une simple juxtaposition coopérative des contributions de chacun, cette prise de conscience provoque parfois une sorte de choc quasi émotionnel. Ceux-ci reconnaissent que par la suite, ils s'investissent bien au-delà de ce qu'ils avaient envisagé, un peu comme s'ils étaient grisés par leur sentiment d'efficacité. Certains évoquent, de façon très explicite, le sentiment d'avoir été portés par une sorte d'euphorie qui favorise implication et concentration, tout en faisant perdre la notion du temps.

L'évocation de cette émulation collective à son paroxysme au moment de terminer le travail du groupe correspond en tout point à cet état optimal de l'expérience humaine que Csikszentmihalyi (1990, 1997, 1975) appelle le *flow* (flux). Cette expérience semble si gratifiante qu'elle justifie, à elle seule, que ceux qui l'ont vécu (au moins une fois) se donnent parfois beaucoup de mal pour réunir toutes les conditions afin de pouvoir la revivre à nouveau. Bien que cela ne puisse certainement pas en être la seule explication, le *flow* permettrait sans doute de mieux comprendre comment, et peut-être encore plus pourquoi, des adultes peuvent consacrer, de façon volontaire, en plus de leur activité professionnelle hebdomadaire, plusieurs dizaines d'heures par semaine de leur temps personnel à leur formation permanente. De plus, paradoxalement, dans des conditions de formation aussi extrêmes (formation à distance *via* Internet, présentiel limité à quelques jours dans l'année universitaire), paradoxalement, cette formation, qui extérieurement paraît de prime abord déshumanisée, a été *a posteriori* ressentie par de nombreux étudiants comme une aventure humaine extraordinaire.

Heutte et Fenouillet ont donc proposé un questionnaire mesurant le *flow* en contexte éducatif : l'échelle Flow4D16. Flow4D16 est formée de quatre sous-échelles (comprenant quatre items chacune) évaluant l'absorption cognitive ou immersion (ex. « J'ai le sentiment de bien contrôler la situation »), la perception altérée du temps (« Je ne vois pas le temps passer »), la dilation de l'ego (« Je ne suis pas préoccupé par ce que les autres pourraient penser de moi ») et le bien-être (« J'ai le sentiment de vivre un moment enthousiasmant »).

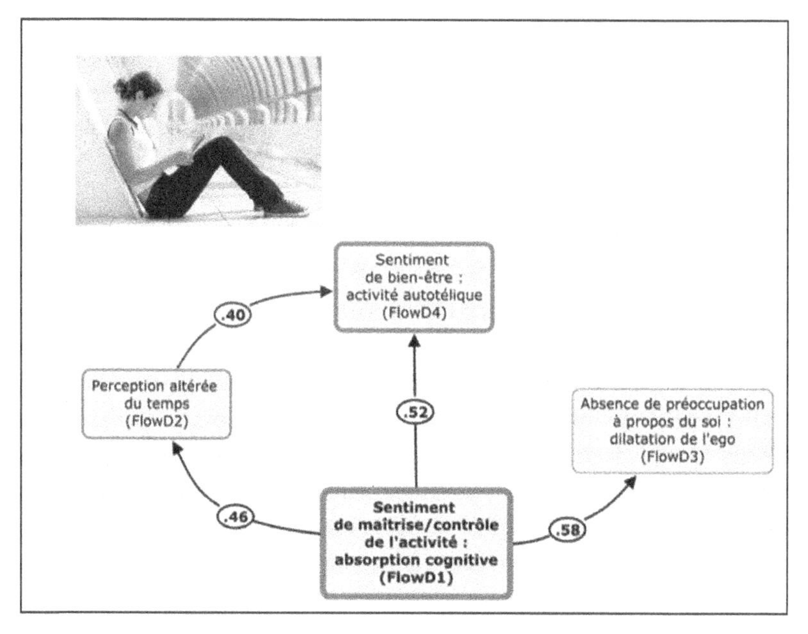

Figure 8.1 - Schéma en pistes causales montrant que l'immersion (ou absorption cognitive) est l'antécédent des autres dimensions du flow (d'après Heutte, 2010)

L'analyse en pistes causales (figure 8.1) permet de montrer que l'absorption cognitive ou immersion (*flow* D1) est l'antécédent de toutes les dimensions du *flow*.

Enfin nous avons pu recueillir certaines évaluations au brevet et au baccalauréat pour 139 élèves de collège et 108 élèves de lycée. Comme le montre le tableau 8.6, les relations entre les diverses échelles de bien-être et les performances à ces diplômes sont très différentes mêmes si elles se rejoignent sur certains points.

Tableau 8.6 - Corrélations entre les évaluations au brevet des collèges (écrit sur table, contrôle continu et admission ou mentions) ou au baccalauréat (admission ou mentions) et les moyennes aux dimensions des différentes échelles (Fenouillet, 2012*b*)

	Collégiens (n = 139)			**Lycéens (n = 108)**
	Écrit	**Contrôle continu**	**Admission brevet**	**Admission bac**
Intérêt scolaire	0.28	**0.36**	0.26	0.20
Sentiment d'efficacité personnelle générale	**0.42**	**0.44**	**0.43**	**0.30**
Flow immersion (D1)	**0.36**	**0.36**	**0.39**	**0.32**
***Life Satisfaction* « École »**	**0.38**	**0.46**	**0.39**	0.13

Note : les corrélations supérieures à .30 sont en gras.

Tout d'abord, nombre d'échelles sont peu corrélées et nous ne les avons pas présentées par souci de clarté (tableau 8.6). Parmi les échelles de bien-être général (*Life Satisfaction* : SWLS), seul le bien-être scolaire (*Life Satisfaction* « École ») est bien corrélé aux différents résultats du brevet, que ce soit à l'écrit (r = .38), au contrôle continu (r = .46) ou aux mentions obtenues (r = .39, p < .01) mais pas à ceux du baccalauréat (r = .13, ce qui est négligeable). Ce résultat est très important car il indique que, si le bien-être influence les résultats scolaires des collégiens, il ne semble pas avoir d'effet sur celui des lycéens, qui sont plus adultes.

En revanche, les résultats indiquent une convergence entre lycéens et collégiens en ce qui concerne l'intérêt et le sentiment d'efficacité personnelle. Conformément aux résultats observés dans d'autres études, l'intérêt est faiblement corrélé avec les performances, que ce soit au lycée ou au collège. Le sentiment d'efficacité personnelle est, lui, plus fortement corrélé. De même nous observons que l'absorption cognitive ou immersion (*flow* D1) est la dimension la plus opérante en relation avec les performances scolaires pour l'ensemble des résultats, ce qui semble indiquer à nouveau que l'immersion est la composante la plus fondamentale du *flow* (voir figure 8.1).

5. Motivation intrinsèque et immersion (*flow*)

L'immersion (*flow*) est-elle un mécanisme motivationnel spécial ou correspond-elle à la motivation intrinsèque ? En effet, nous avons vu dans l'analyse de Nick Yee qu'une des trois dimensions fondamentales du jeu, l'immersion, avait des composantes qui se rapprochaient de la motivation intrinsèque, le plaisir de la découverte, notamment.

Justement, dans une série d'expériences sur la motivation dans les jeux vidéo, Ryan, Rigby et Przybylski (2006) ont voulu confronter les dimensions de l'immersion avec les composants de leur théorie, l'autodétermination et la compétence perçue. Ils font jouer des étudiants à un jeu à succès et rigolo *Super Mario* (un petit plombier à qui il arrive plein d'aventures et dont l'arme fatale est une ventouse à déboucher les toilettes) sur Nintendo. Les aspects motivationnels sont mesurés à nouveau sur des questionnaires. Pour les connaisseurs en statistiques, les résultats ne sont pas des corrélations mais des coefficients ß qui sont des proportions de l'écart type (l'effet est faible au-dessous de .20 et moyen au-dessus de .50). Les résultats (tableau 8.7) montrent que le *flow*, notamment la sensation d'immersion, est relié au sentiment d'autodétermination. En particulier, l'intuition de contrôle du jeu, le plaisir de jouer et l'envie de continuer. Mais plus encore que l'autonomie, on constate que la compétence perçue est associée à toutes les impressions ou motivations à jouer. L'intuition de contrôle et l'immersion (impression d'être à l'intérieur du jeu) sont très liées à la sensation d'être compétent.

Tableau 8.7 - Relations (ß) entre les impressions dans le jeu vidéo *Mario* et les deux grands besoins cognitifs (autodétermination et compétence perçue) (d'après Ryan, Rigby et Przybylski, 2006)

	Autodétermination	Compétence perçue
Impressions dans le jeu		
Intuition de contrôle	.37	.40
Immersion	-	.39
Motivation intrinsèque		
Plaisir de jouer	.49	.34
Envie de continuer à jouer	.38	.39
Même jeu en libre choix	-	.41
Sensations de bien-être		
Énergie	-	.30
Estime de soi	-	.52
Joyeux	.26	.25

Note : les coefficients inférieurs à .30 sont omis par souci de clarté.

Deux paramètres sont des révélateurs de la motivation intrinsèque, ce sont l'envie de continuer à jouer et surtout le choix réel du même jeu, dans une phase test de libre choix, plutôt qu'un autre jeu proposé (tableau 8.7). Ces mesures montrent d'abord que la motivation de ce genre de jeu vidéo est une motivation intrinsèque, celle qui pousse à faire une activité pour le plaisir de l'activité elle-même et sans contrainte extérieure, contrairement à l'école par exemple. Cette motivation est renforcée par le sentiment d'autonomie mais surtout par une élévation du sentiment de compétence, qui donne une sensation d'énergie et une bonne estime de soi (on est fier).

Dans une autre étude des mêmes auteurs (étude 2), les joueurs jouent à *Zelda* et à *Bug's Life*. Les résultats mettent en jeu presque exclusivement la compétence perçue (figure 8.8).

Tableau 8.8 - Relations (ß) entre les impressions dans *Zelda* et *Bug's Life* et les deux grands besoins cognitifs (autodétermination et compétence perçue) (d'après Ryan, Rigby et Przybylski, 2006)

	Zelda		*Bug's Life*	
	Auto-détermination	**Compétence perçue**	**Auto-détermination**	**Compétence perçue**
Impressions dans le jeu				
Intuition de contrôle	-	.52	-	.43
Immersion	-	-	-	.53
Motivation intrinsèque				
Plaisir de jouer	-	.46	-	.33
Envie de continuer à jouer	-	.63	-	.35
Sensations de bien-être				
Énergie	-	.30	-	.49
Estime de soi	-	.43	-	-
Joyeux	-	.69	.42	.33

Note : les coefficients inférieurs à .30 sont omis par souci de clarté.

Ce sont de tels résultats qui nous ont conduit à considérer que la motivation était une résultante à la fois de l'autonomie et de la compétence perçue, et non essentiellement de l'autodétermination.

MÉMOIRE ET MOTIVATION

Sommaire

Un élève motivé va-t-il davantage mémoriser ses cours ? Depuis le début des recherches sur la motivation (premier chapitre), celle-ci a toujours été liée à l'apprentissage. C'était dû au fait que la motivation ne se mesure pas directement mais qu'il faut la mesurer indirectement par l'évolution de la performance, ce qui se révèle bien dans l'apprentissage (ex. effet Crespi, résignation, etc.). Mais la motivation améliore-t-elle la mémoire de la même façon que n'importe quelle activité ou a-t-elle en plus certains effets spécifiques ? En effet, on peut penser que la motivation augmente le niveau d'activité générale (médiatisée par les neurotransmetteurs, etc.) mais aussi que la motivation entraîne des changements particuliers permettant de mieux mémoriser. Les deux catégories de mécanismes semblent se produire. On sait par exemple que l'émotion (motivation explosive, voir premier chapitre) produit des changements hormonaux et le déclenchement de structures biologiques (amygdale) qui accroissent les processus neurobiologiques de la mémoire en renforçant l'événement central mais en supprimant les événements périphériques. Si un élève reçoit une claque ou un coup de règle sur les doigts pour avoir dessiné une mauvaise carte de géographie, il se rappellera le sévice mais non la carte pour autant. Sans en arriver aux effets d'une motivation intense qui va rejoindre l'émotion, l'augmentation du niveau d'activité par la motivation, autrement dit l'effort, s'observera également au niveau de la persistance du comportement. Un élève voulant obtenir une bonne note à l'examen va passer plus de temps que les autres à apprendre ses cours.

Mais d'autres recherches indiquent également un effet spécifique de la motivation sur la mémoire. Tout d'abord, il faut se rappeler que la mémoire n'est pas simple mais composée de plusieurs modules (Lieury, 2012) codant les informations à des niveaux plus abstraits comme dans les étages d'un gratte-ciel : des lettres (codage visuo-orthographique) au niveau du mot (codage lexical) et au niveau du sens (codage sémantique). Ces unités sont activement récupérées (processus de récupération) et organisées (processus d'organisation).

Enfin, la mémorisation se fait en deux étapes, à court terme d'abord, ce qui représente l'activation des informations déjà enregistrées, et à long terme après une réorganisation.

1. Mémoire à court terme et motivation

Pour les théories modulaires, la mémoire à court terme est un pivot dans le stockage de l'information comme la mémoire vive de l'ordinateur. D'une part, c'est par elle que transitent toutes les informations qui ensuite auront la possibilité d'être stockées en mémoire à long terme. D'autre part étant donné justement la grande masse d'informations existantes, les ressources allouées à chacune d'entre elles sont limitées, c'est par exemple la célèbre capacité de stockage à court terme des mots, le nombre magique 7 (Miller, 1956 ; voir Lieury, 2012).

La question qui relie mémoire à court terme et la motivation pour les théoriciens de la mémoire se pose en termes de mécanismes : si la motivation agit bien sur la mémoire à court terme, quel est le mécanisme mnésique qui le permet ? Plusieurs études ayant montré que la motivation agissait sur la mémoire à court terme dans certaines conditions, différents mécanismes explicatifs ont donc été proposés.

Le premier mécanisme explicatif est une réorientation de l'attention. Dans ce cas, l'individu peut focaliser son attention sur un aspect plutôt que sur un autre de la tâche. Il peut par exemple augmenter sa vitesse d'exécution au détriment de sa précision. La mémorisation peut également (consciemment ou inconsciemment) être focalisée sur quelques informations (Atkinson et Wickens, 1971).

Ainsi dans une expérience, on annonce aux participants qu'ils seront rémunérés pour certains mots rappelés. Si, par exemple, une moitié des mots est fortement rémunérée (au hasard de la liste) alors que la deuxième moitié est faiblement ou non rémunérée, les mots fortement rémunérés sont mieux rappelés... mais au détriment des items moins rémunérés (figure 9.1). Un autre chercheur avait par exemple montré qu'une photo de nu glissée au milieu d'une liste de dessins était nettement mieux reconnue, mais au détriment des dessins placés juste avant et juste après.

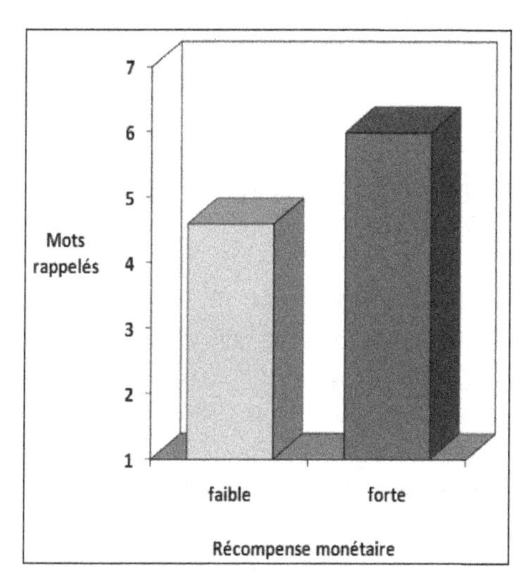

Figure 9.1 - Nombre de mots rappelés en fonction des deux conditions de motivation (d'après Eysenck et Eysenck, 1980)

Parallèlement, on observe que les mots fortement rémunérés sont plus souvent répétés (mécanisme d'autorépétition) que les mots faiblement rémunérés. Cette action de répétition a pour effet de maintenir l'information en mémoire à court terme, ce qui évidemment laisse plus de temps pour l'enregistrement à long terme. Ce maintien de l'information en mémoire à court terme constitue donc un deuxième mécanisme explicatif à côté du mécanisme de l'attention. Si Megan Fox (ou Georges Clooney pour les lectrices) et sa grand-mère vous donnent chacune leur numéro de téléphone, il est facile de prévoir quel numéro sera le plus répété...

Cependant, et c'est là où les résultats quantitatifs sont supérieurs aux simples observations, on remarque dans les résultats (figure 9.1) que les effets sont relativement faibles ; en effet, la capacité de la mémoire à court terme étant « plafonnée » à 7 (en moyenne), on ne peut espérer, même avec une forte motivation, augmenter considérablement les performances. C'est pourquoi il faut se tourner plutôt vers la mémoire sémantique et les mécanismes d'enregistrement à long terme, plus impliqués dans les apprentissages scolaires (Lieury, 2012).

2. Mémoire et motivation intrinsèque

Tout d'abord, on retrouve tout à fait la distinction entre motivation intrinsèque et motivation extrinsèque à propos de la mémoire dès qu'il s'agit d'un apprentissage sémantique.

Ainsi, des élèves de 14 ans (en Inde) sont d'abord testés sur une échelle de motivation intrinsèque qui permet de distinguer ceux intrinsèquement motivés de ceux qui le sont extrinsèquement. La moitié des élèves dans chaque groupe sont récompensés ou non par de l'argent : 5 roupies sont données par bonne réponse, ce qui peut faire un total de près de 100 roupies (20 questions), soit à peu près 15 € par rapport au niveau de vie. La récompense est donc substantielle pour des enfants de 14 ans.

Les questions sont posées une première fois tout de suite après la lecture et après 24 heures mais de façon inattendue. La récompense est très efficace mais seulement pour les sujets ayant une faible motivation intrinsèque (figure 9.2). À l'inverse, les élèves les plus motivés ont leur meilleur score sans récompense. Pour la mémoire, comme d'autres activités (puzzles, dessins...), la récompense baisse la motivation intrinsèque. En revanche, la motivation extrinsèque avec récompense est aussi efficace...

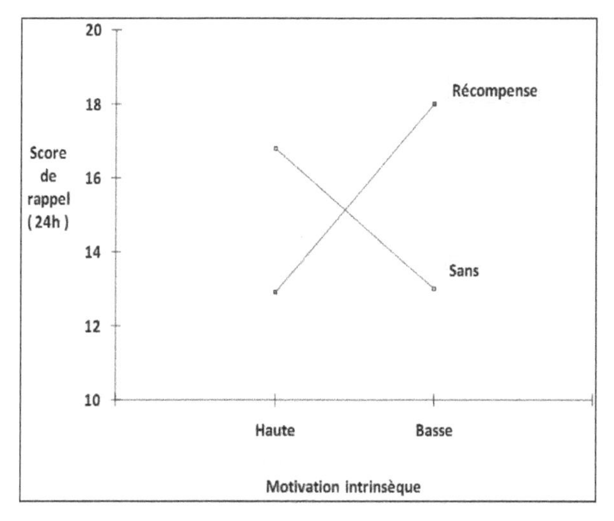

Figure 9.2 - Inversion du score de rappel d'un texte en fonction de la motivation intrinsèque et de la récompense (d'après Dwivedi, 1990)

3. Type d'implication et mémoire

La mémoire à long terme représente l'ensemble des connaissances que nous pouvons avoir. Elle est durable et d'une capacité gigantesque : plusieurs milliers de mots chez les élèves de collège. Par ailleurs on sait qu'il ne suffit pas seulement de stocker une information pour pouvoir la rappeler mais il faut également être en mesure de la récupérer, d'où l'importance de l'organisation de la mémoire et des processus de récupération.

L'effet de l'implication de la tâche ou de l'ego a été testé sur le type d'enregistrement en mémoire. Sachant que la mémoire est complexe, des mots pouvaient être enregistrés dans des modes plus ou moins efficaces, soit phonologique (comme dans l'apprentissage par cœur), soit sémantique (compréhension). Par exemple, pour favoriser un encodage plutôt phonologique, il faut choisir celui qui rime avec « bain » parmi deux mots, « pain » et « rire ». Pour favoriser un encodage sémantique, on demande lequel des deux mots « poupée » ou « chien » est un animal. Le mode sémantique est également favorisé en faisant choisir le mot qui complète une phrase du genre « elle fait chauffer le... » : « lait » ou « drapeau ». Pour faire varier le type d'implication, les élèves (de niveau CM2 et 6e) sont répartis dans trois groupes. Dans le premier, on implique les sujets par la tâche en disant dans la consigne de prendre la tâche comme un jeu et d'essayer de s'améliorer au fur et à mesure. Dans le deuxième, on implique les sujets par rapport à l'ego en déclarant aux sujets que leur valeur réelle est jugée par rapport aux scores des autres enfants. Enfin, il y a un groupe contrôle, sans consigne particulière d'implication.

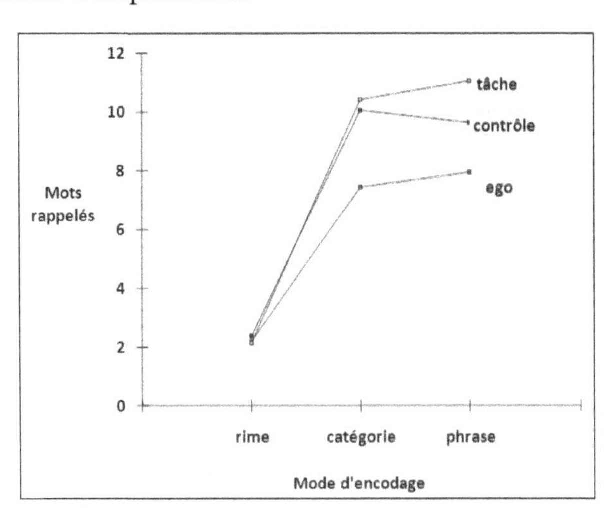

Figure 9.3 - Effet du type d'implication sur le mode d'encodage (d'après Graham et Golan, 1991)

Dans un rappel indicé où l'on représente le type de question, on constate (figure 9.3) que le type d'implication a bien un effet mais seulement pour l'encodage sémantique (catégorie ou phrase) ; c'est en effet le niveau le plus élevé de la mémoire et celui qui permet le plus d'organisation. L'implication par rapport à la tâche (motivation intrinsèque) donne le meilleur résultat. Il est cependant curieux de noter que le groupe contrôle a des résultats peu différents du groupe impliqué par rapport à la tâche ; on peut penser que les élèves étaient naturellement impliqués par rapport à la tâche, nouvelle pour eux. Avoir mis les élèves en situation d'évaluation, d'implication par rapport à l'ego a au contraire fait baisser leurs performances.

4. But et organisation en mémoire

C'est donc au niveau le plus élevé de la mémoire, le niveau sémantique, que les effets de la motivation sont le plus susceptibles d'intervenir. On retrouve le même phénomène si l'on intervient cette fois sur le but.

Des étudiants doivent apprendre, en six périodes, des nouvelles listes de 21 mots. À côté d'un groupe contrôle, des consignes différentes de but sont données avant la 4e période, soit un but vague « faites de votre mieux », soit un but difficile : rappeler la totalité de la liste (21 mots). À chaque période, la liste est apprise en trois essais, de sorte que le rappel au premier essai est un rappel de la mémoire à court terme tandis que seuls les autres essais permettent une mémorisation à long terme (apprentissage).

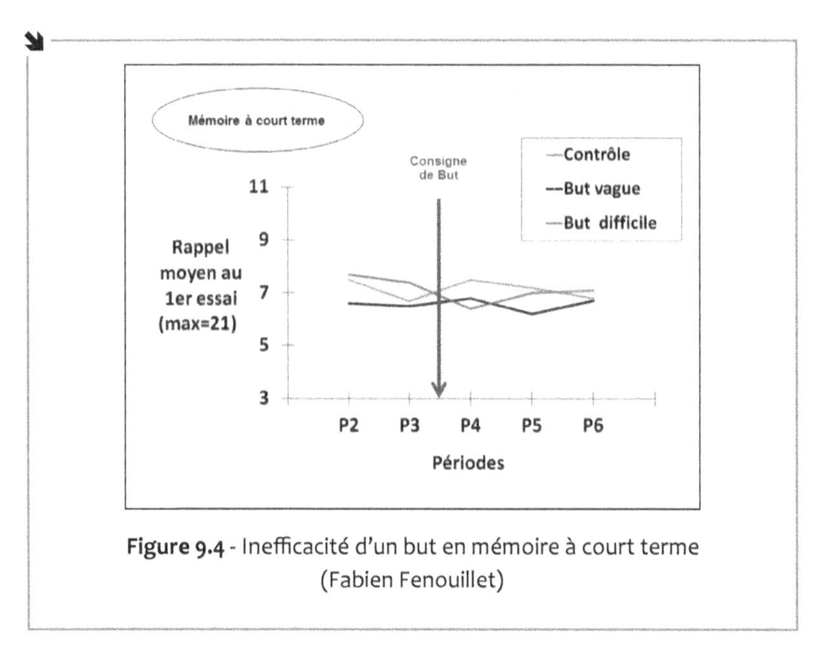

Figure 9.4 - Inefficacité d'un but en mémoire à court terme (Fabien Fenouillet)

Quel que soit le but, la mémorisation à court terme apparaît très stable (9.4) et l'on retrouve le célèbre chiffre magique « 7 » qui en représente la capacité. La motivation ne joue pas à ce niveau, ce qui confirme les expériences précédentes montrant qu'elle jouerait plutôt un rôle par l'intermédiaire de l'attention en sélectionnant certains éléments à apprendre parmi d'autres, mais qu'elle ne peut faire « bouger » la capacité globale.

En revanche, en mémoire à long terme, l'effet des buts se fait sentir (figure 9.5). Sans but ou avec un but vague, le rappel au troisième essai permet un rappel d'environ 12 mots et semble même diminuer au fil du temps. Fixer un but difficile (21 mots) permet tout au contraire d'augmenter régulièrement la performance, le rappel grimpant à plus de 15 mots. Connaissant le rôle des mécanismes d'organisation en mémoire à long terme, on suppose que la motivation (but difficile) pousse les sujets à développer davantage des stratégies d'organisation, expérimentées dans les périodes d'entraînement (avant la consigne de but).

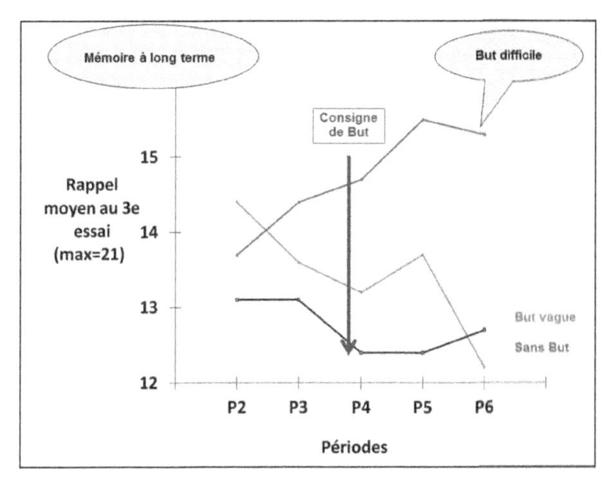

Figure 9.5 - Efficacité d'un but difficile en mémoire à long terme (Fabien Fenouillet)

Pour le démontrer, on suggère dans une autre expérience d'améliorer les performances par la méthode de l'histoire clé (*cf.* Lieury, 2005). Cette méthode consiste à relier les mots d'une liste par une histoire. Par exemple, on peut relier les mots « végétal, instrument, collège, clôture, bassin, marchand, reine, chèvre » par une petite phrase du genre : « Le **végétal** et la cabane d'**instruments** sont dans le jardin du **collège** qui est entouré d'une **clôture** près du **bassin.** Le **marchand** apporte une **chèvre** à la **reine.** » Les phrases sont en général tortueuses puisque les mots sont au hasard, mais l'apprentissage en plusieurs essais en montre l'efficacité.

Les groupes disposant de la même méthode, ils ont la même performance avant la consigne de but (« avant » dans la figure 9.6). Mais après leur avoir fixé un but, les sujets ayant un but spécifique et difficile (mémoriser la totalité de la liste) rappellent plus ; on peut supposer qu'ils organisent plus, qu'ils relient plus de mots par des phrases clés ou une histoire clé. Le but est donc un élément motivationnel efficace qui semble agir en permettant une augmentation des stratégies d'organisation. C'est la raison pour laquelle un entraînement est donné avant la consigne. On ne peut augmenter sa performance que si l'on sait comment faire…

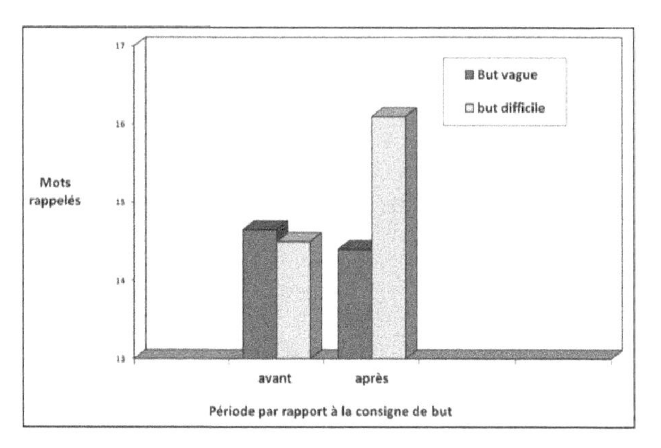

Figure 9.6 - Le but a un effet sur l'organisation en mémoire (Fabien Fenouillet)

VERS UNE THÉORIE GÉNÉRALE ?

Sommaire

Comme dans d'autres sciences, nous avons vu qu'il existait de nombreuses théories, trop sans doute puisqu'il y en a une centaine (Fenouillet, 2006). Mais ce sont des théories parfois très spécifiques qui n'expliquent qu'un aspect des mécanismes variés impliqués dans les motivations. Cependant d'autres théories sont plus générales car elles s'appliquent dans de nombreuses situations, comme la théorie de l'évaluation cognitive de Deci et Ryan, la théorie hiérarchique de Vallerand, ou la nôtre qui, avec deux besoins fondamentaux, explique plusieurs formes de motivations positives et négatives. Mais ces théories n'incluent pas d'autres mécanismes, comme les valeurs, la volition. Voici donc, dans ce chapitre conclusif, deux modèles, l'un ancien mais souvent cité, celui de Maslow, et celui, récent, de Fenouillet.

1. La théorie hiérarchique de Maslow

Les théories récentes expliquent la variété des besoins ou motivations par un petit nombre de mécanismes, de un pour Bandura à trois pour Deci et Ryan. C'est un contraste par rapport à d'anciennes classifications, notamment celle de Maslow, qui a connu un succès dans le marketing car dépassant une analyse simpliste en besoin unique, mais qui est maintenant moins adaptée.

1.1 Cinq besoins fondamentaux

Pour Maslow (1943), les besoins peuvent être regroupés en 5 catégories principales. L'originalité de la théorie est de hiérarchiser les besoins de sorte qu'un besoin supérieur ne s'exprime que lorsque le besoin du niveau inférieur est satisfait (figure 10.1). La théorie de Maslow se résume bien dans le dicton « Ventre vide n'a pas d'oreille ».

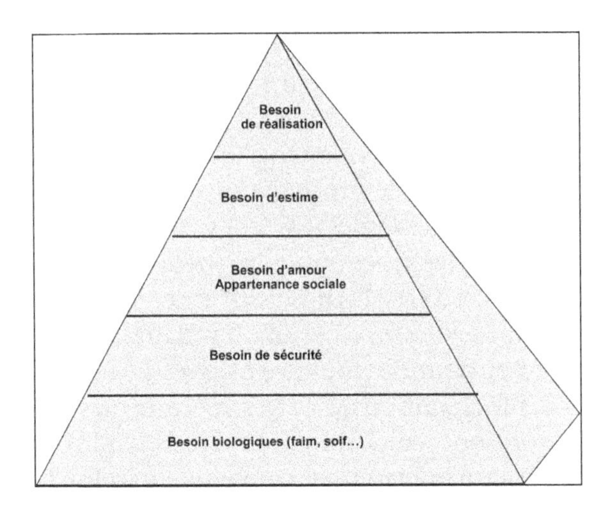

Figure 10.1 - Pyramide des besoins selon Maslow

Si les besoins physiologiques, faim, soif, désir sexuel, besoin de sommeil..., sont satisfaits, d'autres besoins apparaissent. De même pour les besoins de sécurité et de confort matériel : le besoin d'avoir un chez-soi, un moyen de locomotion. Ce niveau satisfait laisse apparaître les besoins d'affection, ou d'amour, ou d'appartenance sociale (dans le marketing). Puis apparaissent des motivations plus sociales qu'on peut regrouper sous le terme de besoin d'estime, qui correspond, dans le langage courant, à l'« ambition ». Enfin, le niveau le plus élevé de la hiérarchie des besoins, selon Maslow, serait la réalisation de soi, de ses intérêts, aptitudes et valeurs.

La théorie de Maslow est souvent appliquée dans la psychologie de la vente car un de ses intérêts est d'expliquer que le même achat peut correspondre à des besoins multiples ; par exemple dans un ouvrage d'économie d'entreprise (Longatte et Muller, 2001[1]), l'achat d'un vêtement répond à des besoins variés : des besoins physiologiques comme se protéger du froid ou à l'inverse ne pas souffrir de la chaleur ; des besoins d'appartenance à un groupe (= besoin d'affection) : être à la

1. Dunod, 2001.

mode, c'est-à-dire être habillé comme les autres du groupe, et enfin le besoin d'estime : se valoriser par sa tenue en la choisissant originale.

1.2 Les motivations sont-elles hiérarchisées ?

Cette théorie était séduisante mais elle est contredite scientifiquement sur de nombreux points : il n'y a pas toujours de différences tranchées entre les catégories de Maslow, notamment entre le besoin d'estime et le besoin d'appartenance : dans l'exemple précédent (achat d'un vêtement), « être à la mode » correspond aussi bien au besoin d'appartenance à un groupe qu'au besoin d'estime.

D'autre part les études éthologiques (plus récentes que la théorie de Maslow) suggèrent que le besoin de sécurité est un besoin biologique (nidification, défense du territoire). De même le besoin d'appartenance sociale ou d'amour existe bel et bien chez les animaux, notamment nos ancêtres les singes, chez qui les relations sont très hiérarchisées (ex. babouins) ; à cet égard, le fait que nos besoins biologiques se compliquent par les apprentissages ne change pas leur origine (biologique). Certes l'amour ou les relations sociales sont complexes chez l'homme mais pas moins que l'art culinaire (= besoin alimentaire) ou la défense du territoire (des querelles de voisinage à l'arsenal militaire des superpuissances)...

Enfin, la hiérarchisation, qui faisait la spécificité de la théorie de Maslow, ne se confirme pas. La satisfaction d'un besoin supérieur n'apparaît pas toujours quand le besoin inférieur est réalisé. Ainsi, dans une grande entreprise américaine, structurée avec des niveaux de hiérarchie très nombreux (Hall et Nougaim, 1968), les cadres montrent un besoin de réussite toujours très fort même chez ceux qui ont bénéficié de nombreux avancements. Il semble donc qu'il y ait des profils selon les individus ou en fonction des différents âges de la vie, avec différentes priorités. L'observation ou les biographies montrent que certaines personnalités ont un besoin de réalisation si fort qu'il n'y a même pas satisfaction des besoins physiologiques : Marie Curie fut trouvée plusieurs fois inanimée par le manque de nutrition au cours de ses études de médecine ; le contre-exemple flagrant de la hiérarchie des besoins est celui des « martyrs » qui acceptent de mourir pour leurs idées.

Pour ces raisons, les théories récentes mettent en valeur des mécanismes moins nombreux mais plus généraux, impliqués dans des buts variés (sans compter les besoins biologiques).

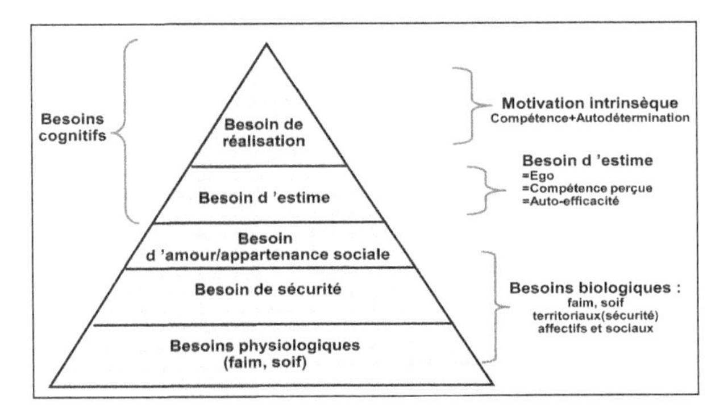

Figure 10.2 - Correspondance entre les besoins selon Maslow et les besoins dans des théories plus récentes

Plusieurs théories tournent autour de l'idée que ce sont des besoins cognitifs simples mais essentiels qui régissent les motivations. Dans trois théories fondamentales, c'est un seul, deux ou trois besoins qui sont à l'origine des motivations :

- la théorie du sentiment d'efficacité personnelle : besoin d'estime ;
- la théorie de l'évaluation cognitive : l'autodétermination, la compétence perçue (estime) et le besoin social ;
- et la théorie de l'ego (besoin d'estime), où la compétition (contrainte/autodétermination) joue également un rôle.

Mais les mécanismes de la motivation sont eux-mêmes en interaction avec d'autres mécanismes qui vont de ses déterminants jusqu'à l'action.

2. Un modèle intégratif des motivations

Tout le monde a expérimenté ces petites baisses de régime qui au réveil font dire qu'on n'est pas « motivé » pour aller travailler ou tout simplement pour se lever. À l'inverse, une fois parti dans la réalisation d'une maquette, la lecture d'un livre ou absorbé par un jeu vidéo, on est tellement « motivé » qu'il est parfois très difficile de décrocher. Ces deux exemples mettent en relief un trait essentiel de la motivation, à savoir que son explication porte sur le dynamisme du comportement. D'ailleurs, étymologiquement, le terme motivation vient du verbe latin *moveo,* qui veut dire mouvoir, bouger. En psychologie, au cours des dernières décennies, nombre de recherches et de modèles ont cherché à expliquer ce dynamisme. Étant donné le nombre impressionnant de théories, plus d'une centaine (Fenouillet, 2006), Fenouillet a proposé un modèle intégratif décrivant les grandes phases de la motivation, des motifs primaires (y compris les besoins) aux résultats du comportement, susceptibles d'être évalués (figure 10.3).

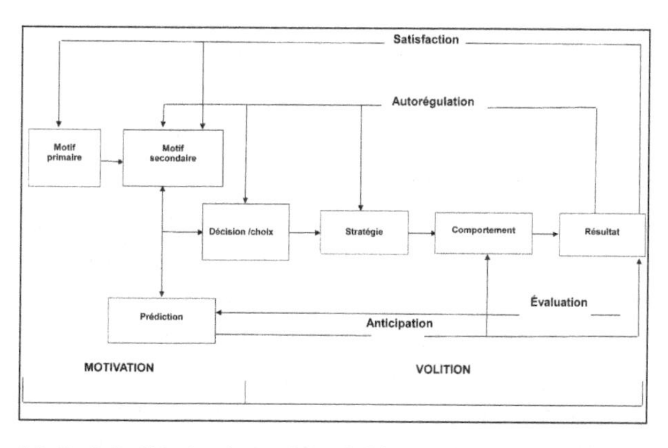

Figure 10.3 - Modèle intégratif de différentes phases de la motivation à l'action (d'après Fenouillet, 2009)

Historiquement (fin du XIXe siècle) les recherches n'ont pas en premier lieu porté sur la compréhension de la motivation mais sur celle de l'instinct, terme qui est maintenant peu utilisé pour comprendre la motivation humaine même si son utilisation persiste dans le langage courant au travers de quelques expressions comme par exemple le fameux instinct maternel. Actuellement, le terme d'instinct est plutôt réservé à l'étude du comportement animal bien que là encore nombre de chercheurs dans ce domaine lui préfèrent celui de motivation. En dehors de cet aspect historique, l'instinct n'est pas le seul terme à avoir été utilisé en lieu et place de ce que nous nommons actuellement motivation. Actuellement à la place du terme motivation, il est possible d'utiliser ceux de besoin, curiosité, envie, intérêt, valence, *flow*, et bien d'autres encore. Il existe donc toute une gamme terminologique qui permet de caractériser plus finement la nature de ce dynamisme. Dire qu'un élève est motivé pour apprendre ou dire que ce qu'il apprend l'intéresse, est synonymique ; mais dans le second cas, on comprend mieux pourquoi il apprend. Dans la vision populaire, ce gain en précision permet de pronostiquer que l'élève intéressé, et donc motivé, devrait se montrer plus persistant et même plus performant dans ses apprentissages. Cependant la recherche nous renseigne encore plus précisément puisqu'elle montre que l'intérêt n'a qu'un faible effet sur les performances scolaires et qu'il existe une forme d'intérêt dit situationnel (Schiefele, 2009) qui ne persiste pas au-delà du contexte d'où il émerge (comme c'est le cas par exemple des situations ludiques).

Les apports de la recherche ne se limitent pas à vérifier les effets de la motivation mais aussi à en rechercher les causes. Dans cette voie, comme nous avons pu le voir plus haut avec l'intérêt, il est nécessaire dans un premier temps de savoir caractériser le phénomène. En effet si l'on peut être motivé par la perspective de bien gagner sa vie plus tard ou bien par le simple plaisir d'apprendre, il s'agit de deux motivations bien différentes dont les causes et les conséquences ne sont pas nécessairement les mêmes. Les recherches sur la motivation ne portent donc pas seulement sur la motivation envisagée comme un phénomène global mais aussi et même surtout sur différents phénomènes motivationnels d'une grande diversité. Par exemple les chercheurs se sont intéressés aux différentes motivations. Un bon exemple, qui nous a servi de fil conducteur, est la théorie de l'autodétermination de Deci et Ryan, qui a conduit elle-même à des variantes, la théorie hiérarchique de Vallerand et notre théorie de la rébellion. Le génie de la théorie de Deci et Ryan est d'expliquer un grand nombre de formes de motivation, motivation intrinsèque, différentes motivations extrinsèques, et l'absence de motivation, à partir de trois besoins fondamentaux, le besoin d'autodétermination, le besoin de compétence et dernièrement le besoin social (figure 10.4).

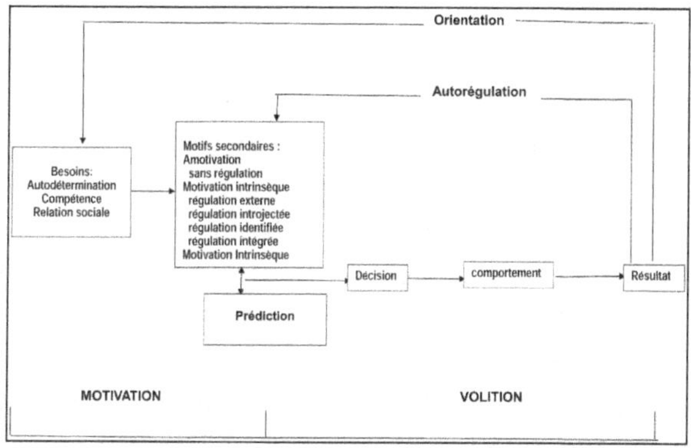

Figure 10.4 - La théorie de Deci et Ryan dans le modèle intégratif (adapté d'après Fenouillet, 2009)

Bien entendu, il existe d'autres phénomènes motivationnels tout aussi intéressants mais qu'il est malheureusement impossible de présenter dans ce livre, qui veut rester simple et pédagogique. Ce court aperçu permet d'entrevoir que si le de terme motivation peut être utilisé pour appréhender un phénomène global, il permet surtout de caractériser un ensemble de manifestations qui ont en commun de chercher à comprendre le dynamisme du comportement. Cependant ce trait commun ne doit pas faire croire qu'elles doivent être confondues au risque d'entraîner des confusions comme nous avons pu le voir concernant l'intérêt. Pour démêler l'écheveau des théories motivationnelles qui dépassent la centaine, il est possible de se servir du modèle intégratif de la motivation (Fenouillet, 2009). Au travers du prisme du modèle intégratif, il apparaît que la motivation humaine est composée de sept facettes.

De ces différentes facettes, celles des motifs (primaires et secondaires) sont sans doute celles qui caractérisent le mieux l'essence de la ou des motivations. Pour beaucoup de théories, le besoin peut être considéré comme la cause, le déclencheur du comportement, et il est impossible de parler de motivation sans qu'un besoin soit présent. Les besoins sont de nature extrêmement variée mais il est possible de distinguer des catégories de motifs. Il y a les motifs qui sont liés à l'intérêt pour l'activité, à l'estime de soi, aux buts, aux besoins, etc.

Cependant comme l'ont montré d'innombrables recherches notamment dans le cadre de l'apprentissage, avoir un motif ne suffit pas. Pour qu'une personne soit « motivée », selon de nombreuses théories, il est nécessaire non seulement qu'elle anticipe positivement ce qui risque de se produire mais aussi qu'elle estime que ses actes sont en mesure de produire l'effet anticipé. Cette « vision de l'avenir » qui accompagne la motivation n'est pas flagrante pour certains motifs (comme le besoin biologique ou l'instinct) mais pour d'autres tels le but ou la valeur ; différentes recherches ont montré que l'anticipation de ce qui risque de se produire allait considérablement influencer le dynamisme du comportement. Dans le cadre de l'apprentissage scolaire ou universitaire, la croyance que nourrit l'apprenant sur sa capacité à réussir à maîtriser un apprentissage est généralement un bien meilleur prédicteur de sa performance que le motif qui explique son action.

En dehors de la prédiction, d'autres facettes sont également nécessaires pour avoir une vision plus complète la motivation. Dans cet ordre d'idée la procrastination, qui se définit comme le fait de remettre éternellement au lendemain ses décisions, permet de comprendre que la décision ne se réduit pas à une simple addition ou soustraction de coûts et de bénéfices mais doit prendre en compte des mécanismes motivationnels plus complexes.

Ainsi nous avons vu (chapitre 9) que l'effet de la motivation dans les apprentissages passait par des stratégies valorisant des mécanismes de mémoire à court terme (attention, répétition) ou au contraire des stratégies d'organisation qui permettent un stockage en mémoire à long terme.

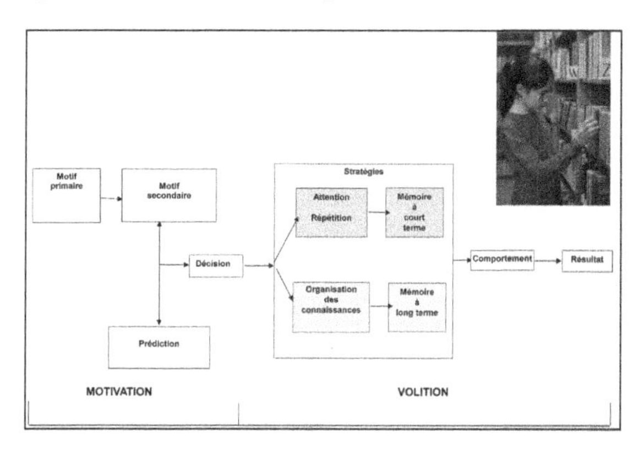

Figure 10.5 - Les motivations interviennent dans l'apprentissage en passant par des stratégies (adapté d'après Fenouillet, 2009)

Ces quelques exemples montrent que comprendre la motivation ne se réduit donc pas à répertorier les différents motifs de l'action comme l'indique le modèle intégratif présenté sur la figure 10.5 même si ces derniers restent indispensables. Ceci est d'autant plus vrai que dans de nombreuses activités, dont fait partie l'apprentissage, il serait nécessaire de distinguer un autre mécanisme : la volition, qui correspond à la volonté des philosophes et du langage courant. Si cette dernière, tout comme la motivation, vise à expliquer le dynamisme du comportement humain, elle se focalise plus spécifiquement sur ce qui explique cette motivation dans la durée : on parle alors de persistance. En effet quand on songe aux apprentissages scolaires, pour que la motivation puisse avoir un effet sur les performances, il est généralement nécessaire que celle-ci persiste bien au-delà du simple effort ponctuel.

PETIT GLOSSAIRE À L'USAGE DES NON-INITIÉS

Amotivation : perte de motivation ; synonyme de résignation apprise.

Autodétermination : l'autodétermination est (dans une théorie importante) une composante de la motivation intrinsèque avec la compétence perçue. L'autodétermination est le sentiment de choisir ou libre arbitre et s'oppose à la contrainte, la pression sociale, la situation d'évaluation.

But d'apprentissage : le but d'apprentissage est un but orienté vers la maîtrise de la tâche pour elle-même sans esprit d'évaluation ou de compétition. L'élève est satisfait par une progression de ses résultats ; il voit les erreurs comme des informations pour progresser et non comme des sanctions. Le but d'apprentissage correspond à une motivation intrinsèque ou une orientation vers la tâche.

But de performance : le but de performance est une norme à atteindre, et l'erreur est ressentie comme un échec par rapport aux autres. Le but de performance correspond à une motivation extrinsèque ou une orientation vers l'ego.

But difficile et spécifique : le but difficile et spécifique est un niveau à atteindre dans le cadre d'une progression de l'apprentissage ; se fixer un but dans ces conditions améliore la performance. Mais le but doit être progressif en difficulté pour ne pas causer une baisse du sentiment de compétence.

Compétence perçue : la compétence perçue est l'autre composante de la motivation intrinsèque avec l'autodétermination. Plus la compétence perçue est grande plus elle favorise la motivation intrinsèque. À l'inverse, un sentiment très bas de compétence associé à la contrainte produit la résignation apprise.

Contrainte (ou contrôle, ou pression) : opposée de l'autodétermination, la contrainte baisse la motivation intrinsèque.

Crespi (effet) : Crespi est un chercheur qui a découvert que des rats habitués à recevoir une forte récompense (beaucoup de nourriture) avaient une chute de performance lorsqu'ils recevaient une quantité normale de nourriture ; c'est le syndrome de l'enfant gâté ou de la star.

Fuite : motivation négative qui pousse à abandonner la tâche produisant une baisse de compétence, et une contrainte.

Lieu de causalité (interne/externe) : les psychologues sociaux ont découvert que les individus attribuaient les événements qui les concernent plutôt à des causes internes ou plutôt à des causes externes. Un élève interne dira, s'il a réussi un examen, qu'il est bon, qu'il a bien révisé, etc., alors qu'un élève ayant échoué dira que son prof ne l'aime pas, qu'il y avait du bruit dans la classe...

Motivation : la motivation est un terme générique qui englobe un *continuum* de la motivation intrinsèque à l'amotivation, en passant par toutes sortes de degrés de motivations extrinsèques. Ensemble des mécanismes qui déterminent le déclenchement d'un comportement.

Motivation extrinsèque : la motivation extrinsèque regroupe un large éventail de motivations contrôlées par les renforcements, les notes, les prix, l'argent.

Motivation intrinsèque : la motivation intrinsèque est la recherche d'une activité pour l'intérêt qu'elle procure en elle-même ; elle correspond à l'intérêt, la curiosité, c'est-à-dire au sens courant de la motivation.

Orientation vers la tâche : l'orientation vers la tâche (ou but d'apprentissage) valorise l'effort dans la mesure où, sans comparaison sociale, une augmentation de l'effort conduit à une amélioration des performances, ce qui augmente le sentiment de compétence perçue (et donc la motivation intrinsèque).

Orientation vers l'ego : une orientation vers l'ego est une orientation d'évaluation de soi par rapport aux autres (de nature extrinsèque). Elle conduit notamment à dévaloriser l'effort, puisque la compétence perçue sera d'autant plus forte que l'effort fourni sera faible.

Rébellion : motivation négative qui pousse à réagir contre la source, vue comme la cause de la contrainte et de la diminution de sa compétence perçue.

Résignation apprise ou amotivation : la résignation apprise a été découverte chez l'animal : si une réponse conditionnée (appui sur un bouton) ne permet pas d'échapper à des chocs électriques, l'animal va cesser d'agir. Certains auteurs parlent aussi d'amotivation.

Sentiment d'efficacité personnelle (SEP) : selon la théorie de Bandura, le sentiment d'efficacité personnelle est l'évaluation par l'individu de sa capacité à réaliser un comportement susceptible de produire un résultat souhaité.

BIBLIOGRAPHIE SOMMAIRE

BANDURA A. (1990). *Multidimensional Scales of Perceived Academic Efficacy*, Stanford, CA, Stanford University.

BANDURA A. (1993). « Perceived self-efficacy in cognitive development and functioning », dans *Educational Psychologist, 28*, 117-148.

BLANCHARD S., LIEURY A., LE CAM M. et ROCHER T. (2013). « Motivation et sentiment d'efficacité personnelle chez les élèves de 6e de collège », dans *Bulletin de psychologie*, sous presse.

BLANCHARD S., VRIGNAUD P., LALLEMAND N., DOSNON O. et WACH M. (1997). « Validation de l'échelle de motivation en éducation auprès de lycéens français », dans *L'Orientation scolaire et professionnelle, 26*, 1, 33-56.

COSNEFROY L. et FENOUILLET F. (2009). « Motivation et apprentissages scolaires », in P. CARRÉ et F. FENOUILLET (éd.), *Traité de psychologie de la motivation*, Paris, Dunod.

DECI E., RYAN R. *et al.* (1982). « Effects of performance standards on teaching styles : Behavior of controlling teachers », dans *Journal of Educational Psychology, 74*, 852-859.

DWECK C. et LEGGETT E. (1988). « Social-cognitive approach to motivation and personality », dans *Psychological Review, 95*, 256-273.

EHRLICH S. (1988). « L'installation du découragement », dans *Science et Vie*, numéro spécial « L'enfant et l'échec scolaire ».

EHRLICH S. et FLORIN A. (1989). « Ne pas décourager l'élève », dans *Revue française de pédagogie, 85*, 35-48.

FAMOSE J.-P. (2001). *La Motivation en éducation physique et en sport*, Paris, Armand Colin.

FAVRE D. (2012). *Cessons de démotiver les élèves : 18 clés pour favoriser l'apprentissage*, Dunod.

FENOUILLET F. (2003). *Motivation, mémoire et pédagogie*, Paris, L'Harmattan.

FENOUILLET F. (2012). « Étude du bien-être des collégiens et des lycéens », Actes de la 2e Conférence internationale sur le pilotage et l'évaluation de l'éducation organisée par le Centre national d'Évaluation de la Qualité de l'Éducation et la Direction de l'Évaluation, de la Prospective et de la Performance (DEPP) les 14 et 15 novembre 2012.

FENOUILLET F. (2016). *Les Théories de la motivation*, Paris, Dunod.

FENOUILLET F. (2017). *La Motivation*, 3e édition. Paris, Dunod, coll. « Topos ».

FENOUILLET, F., CHAINON, D., YENNEK, N., MASSON, J., & HEUTTE, J. (2017). Relation entre l'intérêt et le bien-être au collège et au lycée. *Enfance*, 81-103.

FENOUILLET F. et LIEURY A. (1996). « Faut-il secouer ou dorloter les élèves ? Apprentissage en fonction de la motivation induite par l'ego et du niveau de mémoire encyclopédique en géographie », dans *Revue de psychologie de l'éducation, 1*, 99-124.

GRIFFITHS M. (2002). « The educational benefits of videogames », dans *Education and Health, 20*, 3, 47-51.

HEUTTE J. et FENOUILLET F. (2010). « Propositions pour une mesure de l'expérience optimale (état de flow) en contexte éducatif », Actes de colloque de l'Actualité de la recherche en éducation et en formation, université de Genève, les 13-16 septembre 2010.

KNUTSON B., ADAMS C.M., FONG G.W. et HOMMER D. (2001). « Anticipation of increasing monetary reward selectively recruits Nucleus Accumbens », dans *The Journal of Neuroscience, 21*, 1-5.

LIEURY A. (2015). *Psychologie cognitive,* Dunod, coll. « Manuels visuels de Licence », 4e édition.

LIEURY A. (2012). *Mémoire et Réussite scolaire,* Dunod, 4e édition.

LIEURY A. (2012). *Une mémoire d'éléphant,* Paris, Dunod.

LIEURY A., LE MAGOUROU, LOUBOUTIN V. et FENOUILLET F. (1996). « Trop, c'est trop ! De la résignation apprise à la rébellion en situation de difficulté intolérable », dans *Psychologie et Psychométrie, 17*, 37-55.

MAIER S.F. et SELIGMAN M. (1976). « Learned helplessness : Theory and evidence », dans *Journal of Experimental Psychology : General, 105*, 3-46.

MONTEIL J.-M. (1993). *Le Soi et le Contexte,* Armand Colin.

NICHOLLS J. (1984). « Achievement motivation : Conceptions of ability, subjective experience, task choice and performance », dans *Psychological Review, 91*, 328-346.

NUTTIN J. (1980). *Théorie de la motivation humaine,* Paris, PUF.

OVERMIER B. et BLANCHETEAU M. (1987). « La résignation acquise », dans *L'Année psychologique, 87*, 73-92.

PANKSEPP J. (1977). « Toward a general psychobiological theory of emotions », dans *The Behavioral and Brain Sciences, 5*, 407-467.

PANKSEPP J. (2005). « Affective consciousness : Core emotional feelings in animals and humans », dans *Consciousness and Cognition, 14*, 30-80.

PANKSEPP J. (2011). « The basic emotional circuits of mammalian brains : do animals have affective lives ? », dans *Neuroscience and Behavioral Reviews, 35*, 1791-1804.

Pelletier L.G., Fortier M.S., Vallerand R.J. et Brière N.M. (2001). « Associations among perceived autonomy support, forms of self-regulations and persistence : A prospective study », dans *Motivation and Emotion, 25*, 4, 279-306.

Pierce J.P., Cummins S.E., White M.M., Humphrey A. et Messer K. (2012). « Quitlines and nicotine replacement for smoking cessation : Do we need to change policy ? », dans *Annual Review of Public Health, 33*, 341-356.

Rauchs G. (2012). « Dormir pour mieux apprendre », dans *Cerveau et Psycho*, n° 11, *L'Essentiel.*

Ryan R., Rigby S, Przybylski A. (2006). « The motivational pull of video games : a self-determination theory approach », dans *Motivation and Emotion, 30*, 347-363.

Ryan R.M. et Deci E.L. (2000). « Intrinsic and extrinsic motivations : Classic definitions and new directions », dans *Contemporary Educational Psychology, 25*, 54-67.

Sarrazin P., Vallerand R., Guillet E., Pelletier L., Cury F. (2001). « Motivation and dropout in female handballers : A 21-month prospective study », dans *European Journal of Social Psychology, 31*, 1-24.

Schiefele U. (2009). « Situational and individual interest », dans K.R. Wentzel et A. Wigfield (Eds.), *Handbook of Motivation in School*, New York, Taylor Francis, p. 197-223.

Schiefele U., Krapp A. et Winteler A. (1992). « Interest as a predictor of academic achievement : a meta-analys of research », dans K.A. Renninger, S. Hidi et A. Krapp, *The Role of Interest in Learning and Developement*, Hillsdale, NJ, Erlbaum.

Solomon J.F., Famose J.P. et Cury F. (2005). « Les stratégies d'auto-handicap dans le domaine des pratiques motrices : valeur prédictive de l'estime de soi et des buts d'accomplissement », dossier « Psychologie et sport », dans *Bulletin de psychologie*, tome 58, 475, 47-55.

Thill E. (1999). *Effort et Compétence*, Paris, PUF.

Triplett N. (1898). « The dynamogenic factor in pacemaking and competition », dans *American Journal of Psychology, 9,* 507-533.

Vallerand R.J. et Thill E. (1993). *Introduction à la psychologie de la motivation,* Québec, Vigot.

Yee N. (2006). « The demographics, motivations, and derived experiences of users of massively multi-user online graphical environments », dans *Presence, 15, 3,* 309-329.

Yee N. (2007). « Motivations of play in online games », dans *Journal of CyberPsychology and Behavior, 9,* 772-775.

Site des auteurs de la motivation intrinsèque consacré à l'éducation (en anglais) : http://www.psych.rochester.edu/SDT/publications/pub_edu.html

Site sur l'auto-efficacité ou sentiment d'efficacité personnelle (en anglais) : http://des.emory.edu/mfp/self-efficacy.html#bandura

Pour comprendre facilement (ou plus) le cerveau, voyez le site remarquable de l'université canadienne de McGill : www. Le cerveau à tous les niveaux, McGill.

Site de Fabien Fenouillet : http://www.lesmotivations.net